CASA

ELLAS ARTES • EDITORIAL RM • MÉXICO • MMXIV

I0644433

O'GORMAN

1929

CONACULTA • INBA • RM

Dibujo con acuarela: perspectiva del proyecto, firmada por Juan O'Gorman. 1929. Ángulo suroeste, con la escalera helicoidal, el jardín de sombra y el estudio acristalado en primer plano. Los colores corresponden parcialmente a los utilizados. Colección Museo Casa Estudio Diego Rivera y Frida Kahlo, INBA.

Drawing with watercolor: perspective view signed by Juan O'Gorman, 1929. Southwestern corner, with the spiral stair, the shade garden, and the glazed studio in the foreground. The colors correspond partly to those actually used. Museo Casa Estudio Diego Rivera y Frida Kahlo, INBA.

GEL COL ALTAVISTA D.F.
Juan O'Gorman 1929.

PRESENTACIONES

El Consejo Nacional para la Cultura y las Artes, a través del Instituto Nacional de Bellas Artes, pone en manos del lector el presente libro dedicado a la casa que Juan O'Gorman construyera en 1929, considerada el primer ejemplo de la arquitectura funcional y moderna en México, y al mismo tiempo vinculada a la tradición local.

Marcado por su tiempo y por sus propias convicciones, el quehacer de O'Gorman buscó ser revolucionario. Así lo testimonian su legado arquitectónico y su obra pictórica. Sólo un joven impetuoso e iconoclasta, pero también inteligente y tenaz, pudo construir una casa que era a la vez manifiesto y experimentación. En sus palabras: "La casa que construí causó sensación porque jamás se había visto en México una construcción en la que la forma fuera completamente deriva de la función utilitaria".

El enorme esfuerzo de O'Gorman por hacer una arquitectura moderna, enraizada en la tradición, salta a la vista en ésta y sus otras obras hermanas: las casas estudio para Diego Rivera y Frida Kahlo, la de Julio Castellanos y la de Manuel Toussaint, por citar sólo algunas. No es gratuito que el arquitecto japonés Toyo Ito, galardonando con el premio Pritzker en 2013, quedara conmovido en su primera visita a México por ese despliegue de racionalidad y exactitud en un entorno marcado por una "fuerza primitiva", y más aún que considere estas construcciones como referencias en su propio quehacer alrededor del mundo.

La reciente remodelación y apertura de la Casa O'Gorman es testimonio de un momento único de la vida del arte mexicano del siglo XX. Para el Consejo Nacional para la Cultura y las Artes es de suma importancia el rescate y la apertura al público de estos espacios emblemáticos que, sin duda, enriquecen la difusión de la cultura y se convierten en centros abiertos para la sociedad.

Recuperar la Casa O'Gorman e integrarla a los recintos de exhibición del Instituto Nacional de Bellas Artes enriquece sustantivamente la infraestructura cultural de México. Ahora, con esta publicación, celebramos el genio de Juan O'Gorman, un artista que debemos seguir conociendo para apreciar lo mucho que aún tiene por decirnos. Este libro y la casa que es su protagonista abonarán en ese diálogo entre el creador y el público.

Rafael Tovar y de Teresa
Presidente
Consejo Nacional para la Cultura y las Artes

El presente libro se suma a la iniciativa de recuperar la casa que en 1929 Juan O'Gorman, a escasos dos años de haber concluido sus estudios de arquitectura, construyera para su familia. "Quería realizar el ejemplo –escribió él mismo– de una casa funcional, ajustándome al principio del máximo de eficiencia o rendimiento por el mínimo de esfuerzo". El Instituto Nacional de Bellas Artes (INBA) celebra así su genio creador a partir de una de sus obras más representativas, recientemente intervenida por el INBA para devolverle sus valores arquitectónicos originales. Se recoge aquí la historia de la construcción del inmueble y la crónica de su recuperación.

Como toda gran empresa, la recuperación de la casa, iniciada en 2010 y finalizada en 2013, así como la publicación de la presente obra, fueron posibles gracias a que se contó con el generoso apoyo de diversas instituciones y autoridades. Por ello el INBA agradece a todas ellas su participación, destacadamente a la Universidad Nacional Autónoma de México, a través de la Coordinación de Vinculación de la Facultad de Arquitectura, y a la Delegación Álvaro Obregón.

Al llevar a cabo la recuperación de este inmueble, además de asegurar su conservación, se buscó reintegrarlo a los edificios contiguos, igualmente proyectados por O'Gorman, de modo que el conjunto reúne ahora de manera armónica y coherente las primeras propuestas arquitectónicas de su autor. Así, desde su apertura al público en 2013, se decidió su vocación como recinto dedicado a la arquitectura y a las manifestaciones plásticas de su época.

Al poner en valor esta obra, el Instituto Nacional de Bellas Artes refrenda su compromiso con la preservación de nuestro patrimonio, al tiempo que propicia la reflexión sobre su vigencia como testimonio que nos recuerda el sentido humanista de la arquitectura.

María Cristina García Cepeda
Directora
Instituto Nacional de Bellas Artes

Dibujo con acuarela: perspectiva del proyecto, firmada por Juan O'Gorman. 1929. Ángulo noreste, con la zona de habitación en primer plano. Los colores corresponden parcialmente a los utilizados. Colección Museo Casa Estudio Diego Rivera y Frida Kahlo, INBA.

Drawing with watercolor: perspective view signed by Juan O'Gorman, 1929. Northeastern corner, with the living area in the foreground. The colors correspond partly to those actually used. Museo Casa Estudio Diego Rivera y Frida Kahlo, INBA.

EL. COL ALTAVISTA. D.F.
Juan O'Gorman 1929.

INSTITUTIONAL FOREWORDS

The Consejo Nacional para la Cultura y las Artes, through the Instituto Nacional de Bellas Artes, is pleased to present this book devoted to the house designed by Juan O'Gorman in 1929, considered the first example of modern functionalist architecture in Mexico, though at the same time linked to the vernacular tradition.

Marked by his time and by his own convictions, O'Gorman was deliberately revolutionary. Both his architectural legacy and his painting attest to this fact. Only an impetuous, iconoclastic young man, and also a tenacious and intelligent one, could have constructed a house that was at once a manifesto and an experiment. In O'Gorman's own words: "The house I built caused a sensation because a construction whose form was derived totally from utilitarian functions had never been seen before in Mexico."

O'Gorman's remarkable effort to create a modern architecture rooted in tradition is patent in both this and other similar works of his: the studio-houses for Diego Rivera and Frida Kahlo, the house for Julio Castellanos, and the one for Manuel Toussaint, to mention only a few. It is no coincidence that the Japanese architect Toyo Ito, who was awarded the Pritzker Prize in 2013, was so moved, on his first visit to Mexico, by this display of rationality and exactitude in a setting imbued with a "primitive energy." Nor is it surprising that he would consider these constructions a sort of touchstone for his own work all over the world.

The recent renovation and reopening of the O'Gorman House serve as a testimony to a unique moment in twentieth-century Mexican art. For the Consejo Nacional para la Cultura y las Artes, it is of the greatest important to recover and open to the public these emblematic spaces, which both enrich our cultural heritage and constitute open centers for our society.

The renovation of the O'Gorman House and its integration into the network of exhibition spaces of the Instituto Nacional de Bellas Artes are a significant contribution to Mexico's cultural infrastructure. Now, with the present volume, we celebrate the genius of Juan O'Gorman, an artist who still has much to tell us. This book and the house which is its subject will enrich this dialogue between the creator and the public.

Rafael Tovar y de Teresa
Chairman
Consejo Nacional para la Cultura y las Artes

The publication of the present volume belongs to the larger initiative of salvaging the house designed by Juan O'Gorman for his family in 1929, just two years after having completed his architecture studies. "I wanted to create a model of a functional house" –he himself wrote–, "submitting myself to the principle of maximum efficiency or yield through minimum effort." The Instituto Nacional de Bellas Artes (INBA) celebrates in this way a creative genius in the field of architecture through one of his most representative works, recently restored by the INBA to its original state. This book tells the story of the construction of the building and chronicles its restoration.

Like any great enterprise, the restoration of the house, begun in 2010 and completed in 2013, and the publication of the present volume were made possible through the generous support of many institutions and authorities. The INBA would like to express its gratitude to all of them, and particularly to the Universidad Nacional Autónoma de México, which participated through the Liaison Coordination of the Faculty of Architecture, and to the Delegación Álvaro Obregón.

The aim of the restoration was not only to salvage the house itself, but also to reintegrate it with its neighbors, designed by O'Gorman as well, so that the entire group of the architect's first works might be displayed in a coherent and harmonious fashion. Thus, since it was opened to the public in 2013, the building has served as a space devoted to the architecture and visual arts of O'Gorman's time.

In revaluing this work, the Instituto Nacional de Bellas Artes confirms its commitment to preserving Mexico's cultural heritage and to fostering reflection on its present relevance as a testimony to the humanistic scope of architecture.

María Cristina García Cepeda
General Director of the
Instituto Nacional de Bellas Artes

ÍNDICE

CONTENTS

12 La primera casa funcionalista levantada en México por Juan O'Gorman

23 The First Functionalist House in Mexico

Xavier Guzmán Urbiola

Víctor Jiménez

3

Toyo Ito

34 La casa de Juan O'Gorman de 1929

59 Juan O'Gorman's House of 1929

78 El prodigio de la vanguardia y la pureza. Las casas de Diego Rivera y Frida Kahlo y la casa del arquitecto Juan O'Gorman

87 The Marvel of Avant-Garde Purity. The Studio-Houses of Diego Rivera and Frida Kahlo and the House of the Architect Juan O'Gorman

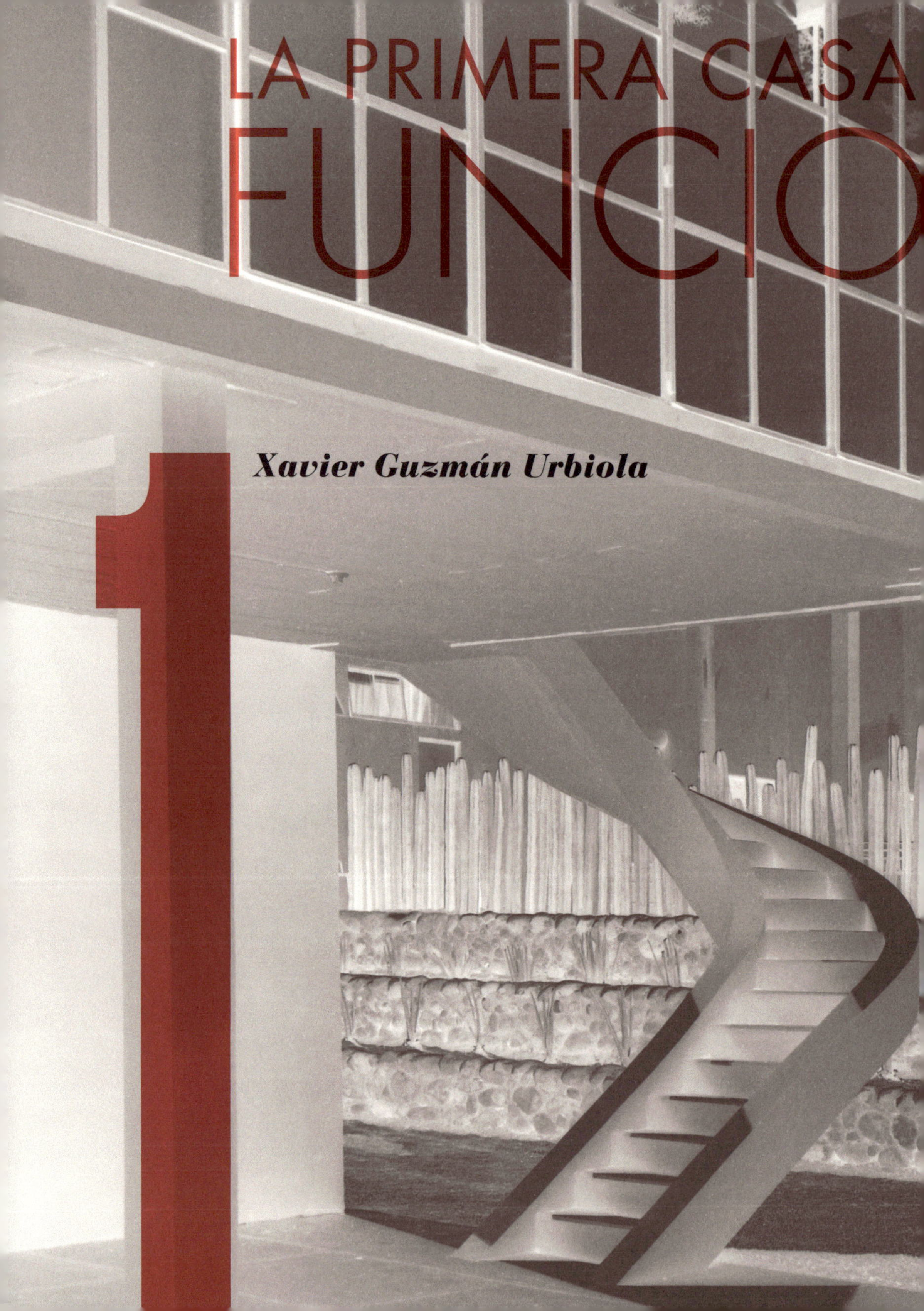

LA PRIMERA CASA FUNCIO

1

Xavier Guzmán Urbiola

NALISTA
LEVANTADA EN MÉXICO
POR JUAN O'GORMAN

EL PROYECTISTA Y CONSTRUCTOR

Uno de los primeros datos que los investigadores hallan al estudiar la personalidad y obra de Juan O'Gorman O'Gorman es, como su nombre mismo lo indica, la endogamia familiar. La explicación es bien conocida: Thomas Tadeo O'Gorman fue el primer embajador enviado por el Imperio Británico a México hacia 1821. Nunca regresó a su país. Fundó sus lares y estableció a su familia aquí. Ochenta años después, otro O'Gorman, Cecil Crawford, irlandés, quien era ingeniero químico, fue instalado en un barco con su boleto, y enviado asimismo a México, para buscar y ponerse a las órdenes de Francisco O'Gorman en el estado de Hidalgo. Llegó a sus 21 para trabajar en una mina en aquel lugar recóndito. Esto ocurrió en 1898. Sólo traía consigo una libra esterlina como amuleto. Pronto se enamoró de una de sus parientas: Encarnación O'Gorman Moreno. Él con el tiempo devino en "ensayista de minerales". Poco después, el mayor de los hijos de ambos, chozno de Thomas, justamente Juan, llegó al mundo en 1905.[1]

Juan O'Gorman O'Gorman vivió sus primeros años rechazando la rigidez de la educación "inglesa" de su padre, a quien, sin embargo, como el buen hijo que fue, amó profundamente. Asimismo, agradecía la cariñosa cercanía cómplice de su parentela mexicana, que se iniciaba con su madre, y Ángela Moreno de O'Gorman, su abuela.[2]

Siguieron sus años de estudiante, en que parece haber sido un alumno de rendimiento desigual. En cambio, fue un buen lector, motivado por su padre. Charles Darwin y Oscar Wilde, según recordaba, serían los autores que marcaron su adolescencia; los asimiló durante las misas dominicales a las que asistía, para "darle gusto a su madre", quien era muy religiosa, sólo que los leyó durante dichos servicios, "para no perder el tiempo", dándole gusto a su padre, quien era en cambio ateo.[3] Aparte de algunas fotos de época, existe un retrato de Juan, realizado al temple por su padre; no sabemos si por estas fechas. Como sea, lo representó vestido a la usanza antigua: con gran cuello, jubón de terciopelo, mangas abullonadas y, justamente, con un libro en la mano.[4] De su paso por la preparatoria (1921) nos ha llegado información que evidencia su mediocridad en las clases de geometría. Posteriormente, durante la carrera de arquitectura, ya en la Academia de San Carlos fue un estudiante destacado, no obstante, el último año (1927), el quinto, sorprende que, en composición, obtuviera calificaciones apenas suficientes para aprobar. El hecho anterior, como a tantos jóvenes les sucedía y sucede al final de la carrera, no puede estar desligado de su rechazo a la formación académica que recibió y de su urgencia, también documentada, por trabajar como arquitecto.[5]

SU TEORÍA

Es impensable que una casa como la levantada por ese joven recién egresado de la carrera, la hiciera sin una reflexión, cuidadosa o no, pero sí previa, en torno a ciertas ideas entonces novedosas sobre su profesión.

Juan O'Gorman proyectó esta casa a los 24 años; escasamente dos después de haber concluido sus estudios profesionales. Él se encontraba rompiendo no sólo con su formación académica escolar, sino con la educación burguesa recibida en su seno familiar y acercándose, más de lo que él pensaba, al carácter de su padre y de Diego Rivera. Es obvio también que inició el desarrollo de su primer bagaje teórico sobre la arquitectura mientras proyectaba y se preparaba a levantarla. Él mismo se refirió a ello. Antes de iniciar la casa de Las Palmas, al final del año de 1929, le hicieron una entrevista que publicó la revista *Tolteca*, en la cual el periodista transmitía a los lectores algo de la confusión producida por la dificultad de entender las ideas en gestación de su entrevistado.

Reconstruyamos la conformación de la teoría básica de Juan O'Gorman. Mucho se ha hablado de lo cambiantes y radicales que fueron. No hubo tal; hay algunas en las cuales fue constante de manera clara. Escuchemos primero, para aquilatar su congruencia, al O'Gorman maduro de 1973, quien continuaba declarando en referencia a su primera obra: "quería realizar el ejemplo de una casa funcional, ajustándome al principio de máximo de eficiencia o rendimiento, por el mínimo de esfuerzo. Tenía la necesidad urgente de hacer una casa que fuera ingeniería, más que arquitectura, que como decía Le Corbusier, fuera una máquina para habitar, y así lo hice".[6] De nociones similares, las cuales no varió en 44 años, el joven O'Gorman, como heredero del maquinismo decimonónico, extrajo su ideal formal, el cual en 1929 explicaba del siguiente modo al periodista de *Tolteca*: "la forma externa, la parte visible, artística y plástica de una obra, siempre es un resultado, un accidente de la resolución" de los problemas a satisfacerse con un proyecto. O'Gorman abundaba en seguida y traía a colación el ejemplo de un ingeniero mecánico-electricista, que al crear un aparato le tenía sin cuidado la forma externa que asumirá; de tal manera que si estuviese más preocupado por obtener uno "bonito" en lugar de uno "eficaz", fracasaría.[7]

Enrique del Moral en 1979, quien fue compañero de Juan O'Gorman desde la preparatoria en el Colegio Franco Inglés, y después durante la carrera en la Academia de San Carlos, lo recordaba por su arrojo y "fuerza" física, hacia 1924 "aventándose al vacío" cuando se colgaba a dar vueltas en el astabandera de la cornisa del antiguo edificio de la escuela;[8] pero también con un libro bajo el brazo: *Vers une architecture*, en la versión francesa original que publicara

Le Corbusier poco antes.[9] ¿Qué leyó y qué entendió aquel estudiante? O'Gorman dijo haberlo leído "varias veces con el mayor interés".[10] ¿Las "varias veces" pueden ser indicio de dificultad? Al menos el arquitecto Del Moral hacia 1979 pensaba que aquellas ideas, mezcladas con las de Diego Rivera, a Juan O'Gorman lo habían "atragantado e indigestado" y ninguno de sus lectores mexicanos de entonces, a pesar de poseer el volumen, lo "habían leído, y menos podíamos hacer una crítica".[11] Investigadores recientes han explicado cómo el arquitecto suizo-francés apostaba en aquel libro a construir para conjurar un posible brote social, en tanto su lector mexicano quería hacer la revolución con su arquitectura;[12] como el suizo, el mexicano apelaba al maquinismo, pero en el caso de éste último incluía en sus soluciones formales (más de manera empírica que reflexiva) toda la riqueza de la arquitectura popular, vernácula y

Casa O'Gorman al final de la construcción, con andamios. Autor desconocido. Vista de la fachada oriente.
Anonymous photograph of the O'Gorman house in the final stages of construction, with scaffolding. View of the east façade.

1
Manuel Toussaint, *Retrato y paisaje en la obra de Cecil Crawford O'Gorman*, México, Alcancía, 1938, pp. 9-10. Antonio Luna Arroyo, *Juan O'Gorman. Autobiografía, antología, juicios críticos y documentación exhaustiva sobre su obra*, México, Cuadernos Populares de Pintura Mexicana Moderna, 1973, pp. 74 y ss. Tessa Corona del Conde, "Cecil Crawford O'Gorman", en *Repertorio de artistas en México*, t. II, México-Milán, Grupo Financiero Bancomer/ Franco María Ricci, pp. 418-419. Según la fuente que se consulte, como es el caso de las citadas, se leerá que Thomas fue cónsul o embajador; que llegó en 1821, 1823 o 1824; que Cecil llegó a México a sus 21 o a sus 24 años, y que eso ocurrió en 1895 o en 1898. Sólo Toussaint dice que el primer O'Gorman que llegó a México fue Charles; lo llama "don Carlos O'Gorman y Sexton". De él es también la cita sobre la profesión de Cecil, ibíd., p. 8.

2
Luna Arroyo, ibíd.

3
Ibíd., p. 78.

4
Toussaint, op. cit., p. 19.

5
Luna Arroyo, op. cit., pp. 88-90, 94, 99: O'Gorman asociaba lo "funcional" con lo "alejado de todo lo académico", y decía que por entonces, construir una casa "era lo que deseaba hacer, más que otra cosa en mi vida". "Tenía la necesidad urgente de hacer una casa".

6
Ibíd., p. 99.

7
Sin autor, "Juan O'Gorman", en *Tolteca*, núm. 22, México, diciembre de 1929, pp. 328-330. Ida Rodríguez Prampolini, op. cit., p. 27.

8
Lilia Gómez y Miguel Ángel de Quevedo, "Entrevista con el arquitecto Enrique del Moral el día 19 de octubre de 1979", en *Testimonios vivos, 20 arquitectos*, Cuadernos de Arquitectura y Conservación del Patrimonio Artístico, núms. 15 y 16, México, Dirección de Arquitectura del INBA-SEP, 1981, p. 70.

9
Se trata, como es sabido, de un libro que Le Corbusier formó con sus artículos. Víctor Jiménez afirma que no es un libro complicado de leer; en cambio abundan en él las afirmaciones audaces, esto es atractivas para el joven O'Gorman. Aún más: agrega que la huella y el tono de aquel libro se encuentra en los textos que por entonces escribía O'Gorman. Sería interesante que Víctor Jiménez pronto nos brinde un artículo en que explique y ejemplifique estas ideas tan sugerentes.

10
Luna Arroyo, op. cit., p. 94.

11
Lilia Gómez y Miguel Ángel de Quevedo, op. cit., pp. 69 y 74. Pablo Quintero (compilador), "Arquitecto Enrique del Moral", en *Modernidad en la arquitectura mexicana (18 protagonistas)*, México, UAM-Xochimilco, 1990, p. 108. Enfatizo el arquitecto "Del Moral hacia 1979", pues por entonces se hallaba distanciado de O'Gorman, lo cual explica sus opiniones. Por lo tanto, hoy Víctor Jiménez piensa que estos puntos de vista de Del Moral al haberse pronunciado en una época concreta deben tomarse con criterio crítico, ya que la vieja amistad mantenida por ambos se quebró y para entonces tenían aún fricciones.

12
Taller 1932, *Utopía. No utopía. La arquitectura, la enseñanza y la planificación del deseo*, México, CONACULTA-INBA-Casa Estudio Diego Rivera y Frida Kahlo, 2006, pp. 9 y ss.

campesina local, pues ésta por naturaleza es funcional. Entonces O'Gorman, también en el terreno de las ideas teóricas, se "aventaba al vacío". Era otro funcionalismo; un funcionalismo mexicano y radical que partía de unas lecturas indudablemente, pero a la vez hacía caso a su reflexión propia, a su experiencia y al ambiente que se respiraba en el aire. Era un funcionalismo, valga decirlo, endogámico, el cual aquel joven podía hacer; un funcionalismo que partía de sí mismo, atento a la historia y la situación propia de su contexto y de su tiempo.

En 1973, O'Gorman agregaba: a partir de mis "varias lecturas" de Le Corbusier se me "ocurrió" que era necesario hacer en México un tipo de arquitectura "totalmente funcional, alejada de lo académico, y de lo que pudiera ser ortodoxia o sectarismo estético, creando una arquitectura que fuera ingeniería de edificios".[13] Asimismo, también en 1973 O'Gorman pensaba no sólo en Le Corbusier, sino más franco y humilde, en haber logrado "aplicar lo que su maestro José Luis Cuevas consideraba una obra de ingeniería correcta, y la teoría que su maestro Guillermo Zárraga le enseñó".[14] El asunto como se verá trascendió la mera ocurrencia.

El funcionalismo de Juan era extremo. En su casa lo bello estaba eliminado. La teoría adoptada por él pretendía que lo funcional fuese por consecuencia lo bello. Esta es una ecuación dudosa, muy dudosa.

EDMUNDO O'GORMAN[15]

Grupo de personas en una de las canchas de *tennis* compradas por Juan O'Gorman.
Group of people on the tennis courts purchased by Juan O'Gorman.

13
Luna Arroyo, op. cit., p. 94.

14
Ibíd., p. 100.

15
Entrevista a Edmundo O'Gorman por Xavier Guzmán Urbiola (primera parte), 2 de abril de 1986, sin paginación.

16
Sin autor, "Juan O'Gorman", en *Tolteca*, op. cit., pp. 328-330.

17
En sentido estricto la primera obra que O'Gorman proyectó y construyó fue la casa para el ingeniero Ernesto Martínez de Alba, ubicada en Catón, Lomas de Chapultepec, el año de 1928, misma que fue demolida. Se trataba de una casa interesante, a juzgar por la única foto que se conoce, sin embargo, el hecho de contar con pretiles, rodapiés e instalaciones sanitarias y eléctricas ocultas, la hace distante aún de los ideales funcionalistas puros y sin concesiones de la obra posterior del mismo O'Gorman. Véase Marisol Aja, "Juan O'Gorman", en *Apuntes para la historia y la crítica de la arquitectura mexicana del siglo XX: 1900-1980*, vol. 2, Cuadernos de Arquitectura y Conservación del Patrimonio Artístico, núms. 22-23, México, INBA, 1982, p. 21.

18
Una dato casi desconocido es que dos de sus tíos abuelos (Miguel y Francisco) también estudiaron arquitectura en la misma Academia de San Carlos durante los decenios de 1860 y 1870. Véase Toussaint, op. cit., p. 9.

19
Ida Rodríguez Prampolini, *Juan O'Gorman, arquitecto y pintor*, México, UNAM-IIE, 1982, p. 27. Marisol Aja, "Juan O'Gorman", op. cit., p. 17. Víctor Jiménez, *Juan O'Gorman: principio y fin del camino*, México, CONACULTA-Arquitectura, Círculo de Arte, 1997, p. 14. Asimismo: *Las casas de Juan O'Gorman para Diego y Frida*, México, INBA, 2001, p. 25, y "Un arquitecto de nuestro tiempo", en Elena Poniatowska *et al.*; *O'Gorman*, México, BITAL, Grupo Financiero, 1999, p. 120.

20
Antonio Luna Arroyo, op. cit, p. 98.

21
Ibíd., p. 99.

Casa O'Gorman recién terminada. Autor desconocido. Vista del ángulo sureste. Fue reproducida en la revista *Tolteca*, núm. 22.
Anonymous photograph of the recently finished O'Gorman house. View of the southeastern corner. Photograph published in issue no. 22 of Tolteca.

Pensando que los problemas de los arquitectos eran en el fondo idénticos a los del ingeniero de su ejemplo, en aquella entrevista de *Tolteca* Juan O'Gorman concluía en 1929, a partir de sus reflexiones, que su aspiración como constructor, no como arquitecto, era "producir el proyecto más perfecto y económico, para así lograr que el mayor número de personas puedan disfrutarlo".[16]

LA PRIMERA CASA FUNCIONALISTA DE AQUEL JOVEN[17]

Juan O'Gorman inició la carrera de arquitectura en la Escuela Nacional de Bellas Artes, en el edificio de la Academia de San Carlos, el año de 1923, y la concluyó en 1927.[18] Diversos investigadores dejan claro que el joven O'Gorman trabajó, entre los años 1925 y 1928, primero como dibujante y, más tarde, como contratista de obra para el arquitecto Carlos Obregón Santacilia.[19] Esto equivale a decir que empezó su vida laboral siendo un estudiante, cuando cursaba entre el segundo y cuarto niveles. Obregón Santacilia era nueve años mayor que O'Gorman; había iniciado en 1916 sus estudios de arquitectura en la misma escuela, concluyéndolos en 1921. Cuatro años después se encontraba realizando dos obras: "la reconstrucción de un banco, ubicado en la esquina de Isabel la Católica y Uruguay" –según recordaba O'Gorman años después[20]–, y la construcción del edificio nuevo para el Departamento de Salud, a partir del cual posteriormente se formaría la Secretaría de Salubridad y Asistencia, construcción que ocupa desde entonces la manzana definida por Reforma, Lieja y la antigua calzada de Tacubaya, trabajo en que O'Gorman fue su dibujante.

O'Gorman se refirió a ese momento.[21] Con las ganancias que obtuvo al colaborar en el primero de los encargos anteriormente citados, razón por la cual lo recordaba, y una vez que las repartió con Enrique del Moral y Marcial Gutiérrez Camarena, sus socios en aquel trabajo, compró un terreno para construir una casa donde planeaba trasladase a vivir con su familia, pues recordaba su hermano Edmundo O'Gorman, él aún no había volado. Dadas sus aficiones deportivas, Juan O'Gorman se enteró, el primero, que vendían las mesas de tenis del Club San Ángel.

Durante los últimos tres años de la escuela profesional, tenía una novia. Muchacha mexicana, bonita, atleta, nadadora. Yo también era deportista: me gustaba jugar tenis, saltaba la garrocha y era corredor. Fui delgado, de proporciones finas y atléticas.

JUAN O'GORMAN[22]

El terreno que adquirió estaba ubicado en la esquina que forman Altavista y la calle entonces llamada Las Palmas, actualmente Diego Rivera. Medía aproximadamente 1,110 metros cuadrados, pues según el mismo O'Gorman recordaba "un terreno en aquella época era extremadamente barato. Logré comprar [lo que fueron] dos mesas de tenis escalonadas".[23]

Durante el final de 1929 y a lo largo de 1930 Juan O'Gorman se dedicó de lleno por fin a la tarea que más deseaba en la vida, como ya hemos adelantado, construir la casa que aún hoy lleva el número 81 de la calle Las Palmas, hoy Diego Rivera. Le costó 6,500 pesos.

En ese experimento desarrolló un lenguaje arquitectónico propio. O'Gorman recordaba que tenía "estructuras libres de concreto, instalaciones sanitarias y eléctricas aparentes, solamente los muros de barro-block y los de tabique estaban aplanados", herrería modulada, no había pretiles en la azotea, y el colmo: los tinacos eran visibles desde la calle; presumían a gritos: ¡esta casa tiene agua potable! Su apariencia era "extraña", según confesaba el mismo Juan O'Gorman.[24] Contaba con cuatro recámaras, dos baños, estancia, cocina, cuarto de servicio, garaje, planta baja libre y, por último, un estudio en la planta alta, orientándose las ventanas al sur y al este. Era, ni más ni menos, que la primera casa funcional construida en México. Por entonces las ideas de O'Gorman respecto a la arquitectura, como hemos revisado, empezaban a formarse gracias a las lecturas y relecturas que acometió de Le Corbusier así como a sus experiencias.[25]

Casa O'Gorman recién terminada. Autor desconocido. Vista del ángulo suroeste desde la calle. Fue reproducida en la revista *Tolteca*, núm. 22.
Anonymous photograph of the recently finished O'Gorman house. View of the southwestern corner from the street. Photograph published in issue no. 22 of Tolteca.

Tuve la fortuna de ser el primer arquitecto en México que se aventuró a hacer casas de tipo completamente funcional. Construí la casa en el año de 1929 y tuvo influencia en México. El contraste entre su apariencia y la arquitectura que se hacía entonces era notable. Ubicada frente a un edificio colonial, la hacienda de Goicochea que ahora es el Restaurante San Ángel Inn, fue motivo de que muchas personas al pasar enfrente, voltearan la cara para no ver ese 'horror' construido frente al San Ángel Inn por un individuo a quien 'le deberían quitar el título para que no siga haciendo cosas horribles como esa'.

JUAN O'GORMAN[26]

Sin embargo, los padres de Juan O'Gorman no quisieron ir a vivir a la casa nueva, no porque compartieran las ideas mojigatas desde las que se intentó descalificar a partir de entonces las propuestas arquitectónicas de su hijo, sino porque no cabían. Cecil Crawford O'Gorman era un gran coleccionista de arte y mobiliario coloniales, y Edmundo, su hermano, ya había formado su primera biblioteca, que se agregaba a la cantidad inmensa de libros del padre; además, parecía absurdo dejar la enorme casa colonial que la familia habitaba cerca, en Santísimo número 6, para

22
Ibíd., p. 94.

23
Ibíd., pp. 99-100.

24
Ibíd., p. 100.

25
Ibíd., p. 94; Víctor Jiménez afirma que dicha obra llegó a México o la leyó O'Gorman en 1926: *Juan O'Gorman: principio y fin…*, p. 14 y *Juan O'Gorman, vida y obra*, México, UNAM-Facultad de Arquitectura, 2004, p. 13.

26
Luna Arroyo, op. cit., p. 100-101. Como deja bien claro Víctor Jiménez en el texto incluido en este libro, O'Gorman proyectó la casa durante 1929, sacó la licencia de obra por medio de Marcial Gutiérrez Camarena en el mismo 1929 y la construyó durante 1930.

Casa O'Gorman recién terminada. Autor desconocido. Vista desde la azotea hacia la escalera helicoidal y los tecorrales del jardín.
Anonymous photograph of the recently finished O'Gorman house. View from the rooftop toward the spiral stair and the piled-stone walls of the garden.

ir a vivir a la cajita de cristal que el hijo arquitecto había construido. La casa de Las Palmas se rentó y con ello Juan O'Gorman quiso pagar a su padre lo invertido en su educación.

Es importante destacar los gestos modernos de la casa y su fusión con la arquitectura vernácula mexicana. La casa cuenta con una escalera interior que comunica la planta baja con la alta; con ello O'Gorman cumplía con la lógica simple del constructor, pero como detalle *avant garde*, la casa posee asimismo otra escalera (exterior para que fuese más enfática), que era, es aún, no sólo radicalmente moderna, se antoja un manifiesto y hasta una rúbrica: se trata de una helicoide cuyo desarrollo geométricamente exacto parte de la planta baja y se ancla en el primer nivel de la terraza, y cuya cimbra debió trazarse, y construirse con el mayor cuidado para que al colarla y descimbrarla fuera autoportante. Esa terraza (donde desembarca la escalera helicoidal en su costado sur), veía a la calle de Las Palmas; hay que imaginar el contexto en 1929 y 1930 a su alrededor, y puesto que gozaría de la vista a los jardines circundantes y del sol poniente, O'Gorman discurrió diseñar y construir con sus herreros para cerrarla una ventanería plegable de piso a techo y de pared a pared, cuyo mayor elogio hoy es decir que con una adecuada restauración aún funciona. Por supuesto que al observar su operación muestra cómo su joven arquitecto solucionó los canales tras unas trabes que interrumpen la losa, y cómo las hojas, por su peso, debieron estar más colgadas que intentar deslizarse. Además en el *garage* O'Gorman construyó sus primeras losas aligeradas con casetones de barro artesanales ahogados, donde el acero corre exclusivamente por las secciones de la losa que toman los esfuerzos. Pero esas soluciones tan adelantadas dialogan con una división de los terrenos hecha con base en tecorrales vernáculos de piedra apilada con junteos secos y una barda de cactos u órganos, como casa campesina. Asimismo los colores de que echó mano apelaban a la estética nacional: rojo indio, blanco, azul y colores terrosos. No sólo hizo unas simpáticas cavidades curvas para los calentadores del agua, con gran audacia dejó sin columnas los vértices de la losa que da al oriente en planta alta; en fin, se preocupaba pioneramente por la ergonomía y preveía oquedades en las tinas para que las personas al bañarse pudiesen descansar la cabeza.

No encuentro la palabra pero, literalmente, esa casa entonces apareció. Se hablaba de ella, del arquitecto que la había proyectado [...] pero tampoco creas –como se dice– que causó polémica. Sí se decía que era fea, agresiva en sus colores (rosa, gris, rojo, amarillo y azul), desnuda y simplista en su volumetría. El maestro Juan Martínez del Cerro, que platicaba conmigo, tenía esa opinión. De los alumnos no recuerdo sus puntos de vista.

ENRIQUE YÁÑEZ[27]

Casa O'Gorman recién terminada. Autor desconocido. Vista del jardín de sombra y la escalera helicoidal. Al fondo, los tecorrales del jardín y la cerca de cactos que divide este predio del vecino, donde aún no se habían construido las casas-estudio de Diego Rivera y Frida Kahlo. Una imagen similar fue reproducida en la revista *Tolteca*, núm. 22.
Anonymous photograph of the recently finished O'Gorman house. View of the shade garden and the spiral stair. In the background, the piled-stone walls of the garden and the cactus hedge dividing the lot from the neighboring one, where the studio-houses of Diego Rivera and Frida Kahlo had not yet been built. Image similar to one published in issue no. 22 of Tolteca.

Así, Juan O'Gorman, aquel joven que tenía 25 años en 1930, el mismo que reprobó geometría durante la preparatoria en 1921, o que aprobó composición de modo mediocre en 1927, terminó su obra satisfecho y en el extremo superior de la fachada sur la firmó como si fuese un óleo o un mural. Es una firma que presume una caligrafía feliz. Él sabía el valor e importancia de su logro. Había reflexionado, proyectado y construido, "aventándose al vacío", lo que nadie había hecho antes en México, y lo hizo atendiendo (valga repetir, endogámicamente) lo que los constructores tradicionales en México siempre han sabido ejecutar, pero además Juan O'Gorman lo unió a lo más moderno que por entonces se hacía en el mundo.

27
Entrevista a Enrique Yáñez por Xavier Guzmán Urbiola, 20 de noviembre de 1985, p. 1.

Casa O'Gorman recién terminada. Autor desconocido. Vista del comedor hacia la puerta que conduce al *hall* y la cocina. Fue reproducida en la revista *Tolteca*, núm. 22.
Anonymous photograph of the recently finished O'Gorman house. View of the dining room looking toward the door that leads to the hall and kitchen. Photograph published in issue no. 22 of Tolteca.

Casa O'Gorman recién terminada. Autor desconocido. Vista del comedor desde los peldaños de la escalera interior.
Anonymous photograph of the recently finished O'Gorman house. View of the dining room from the steps of the interior staircase.

1

THE FIRST FUNCTIONALIST HOUSE IN MEXICO

Xavier Guzmán Urbiola

DESIGNER AND BUILDER

One of the first things that strikes researchers into the life and work of Juan O'Gorman O'Gorman is, as his paternal and maternal last names suggest, the fact of family endogamy. The explanation is well known: Thomas Tadeo O'Gorman was the first ambassador assigned to Mexico by the British Empire around 1821. He never returned to the British Isles. He settled in Mexico and started a family here. Eighty years later, another O'Gorman, Cecil Crawford, an Irish chemical engineer, was put on a ship with his ticket and sent to Mexico as well, with instructions to seek out –and place himself at the orders of– Francisco O'Gorman, in the state of Hidalgo. He arrived at the age of twenty-one and worked in a mine in that remote area. This happened in 1898. All he brought with him, as an amulet, was a pound sterling. He soon fell in love with one of his relatives: Encarnación O'Gorman Moreno. In time he became a "mineral assayer." Shortly thereafter, in 1905, their eldest son, Juan O'Gorman, the great-great-great-grandchild of Thomas, was born.[1]

Juan O'Gorman O'Gorman spent his early years rejecting the rigidity of the "English" upbringing provided by his father, whom he loved deeply, however, as the good son he was. He also appreciated the close

1 Manuel Toussaint, *Retrato y paisaje en la obra de Cecil Crawford O'Gorman* (Mexico City: Alcancía, 1938), pp. 9-10; Antonio Luna Arroyo, *Juan O'Gorman. Autobiografía, antología, juicios críticos y documentación exhaustiva sobre su obra* (Mexico City: Cuadernos Populares de Pintura Mexicana Moderna, 1973), pp. 74ff; Tessa Corona del Conde, "Cecil Crawford O'Gorman," in *Repertorio de artistas en México*, vol. II (Mexico City: Grupo Financiero Bancomer, 1996), pp. 418-419. Depending on the source consulted, Thomas was either consul or ambassador and he arrived in Mexico in 1821, 1823, or 1824, while Cecil arrived either in 1895 (at the age of 21) or in 1898 (at the age of the 24). Toussaint alone states that Charles (whom he calls "don Carlos O'Gorman y Sexton") was the first of the family to arrive in Mexico. The description of Cecil's profession is also quoted from Toussaint, *Retrato y paisaje*, p. 8.

and affectionate complicity of his Mexican relatives, starting with his mother and with Ángela Moreno de O'Gorman, his grandmother.[2]

There followed years of schooling, through which he seems to have been a student of uneven quality. Motivated by his father, however, he was an avid reader. Charles Darwin and Oscar Wilde, as he later recalled, were the authors that most marked his adolescence. He read them during the Sunday masses he attended "to please his mother," who was very religious. He read during the ceremony "in order not to waste time," thereby also pleasing his father, who was an atheist.[3] Apart from a few period photographs, there survives a tempera portrait of Juan, of uncertain date, executed by his father. Whenever it may have been done, it shows Juan dressed in the style of his youth: a high collar, a velvet waistcoat, padded sleeves, and, precisely, with a book in his hand.[4] We have some evidence that he was a mediocre student of geometry during his high school years (around 1921). Later on, during his architecture studies at the Academy of San Carlos, he was an outstanding student, although, surprisingly enough, he barely passed composition in his fifth and last year (1927). These circumstances cannot be separated from O'Gorman's rejection of academic training and his eagerness, –also documented, and not uncommon in many young people toward the end of their studies–, to begin to practice, to work as an architect.[5]

HIS THEORY

It is unthinkable that the house erected by this young man who had just finished his studies was designed without reflection. However carefully thought out, it certainly involved certain prior ideas that were innovating his profession at the time.

Juan O'Gorman designed the house at the age of twenty-four, just two years after finishing his professional studies. He found himself breaking not only with his academic training, but also with the bourgeois family upbringing he had received, and drawing nearer –more than he himself was aware– to the character of his father and of Diego Rivera. It is also obvious that he began to develop his first theoretical ideas about architecture while he was designing the house and preparing to build it. He spoke about this process himself. Before starting the house on Palmas at the end of 1929, he gave an interview to the magazine *Tolteca*. The journalist who interviewed him gave readers an idea of the confusion produced by the difficult of understanding the architect's ideas, still in the process of gestation.

Let us reconstruct how Juan O'Gorman's basic theory was formulated. Much has been written about how fluctuating and radical his theories were, but this was not the case. In some aspects he was clearly consistent. To confirm this consistency, let us listen first to the mature O'Gorman of 1973, who continued to affirm, with regard to his first work, that "I wanted to create a model of a functional house, submitting myself to the principle of maximum efficiency or yield through minimum effort. I felt the urgent need to make a house that was engineering more than architecture, that, as Le Corbusier used to say, was a machine for living in. And that is what I did."[6] It was from such notions, which would not change in forty-four years, that the young O'Gorman, as an heir to the nineteenth century's predilection for machinery, formulated his ideal, which he explained as follows to the journalist of *Tolteca* in 1929: "The external form, the visible, artistic, and plastic part of a work, is always a result, an accident of the solving" of the problems addressed by a design. O'Gorman went on give the example of a mechanical-electrical engineer, who is unconcerned with the external form of the apparatus he creates. Indeed, if such an engineer were more concerned with obtaining something "pretty" than something "efficient," he would fail.[7]

In 1979, Enrique del Moral, who had been a fellow student of Juan O'Gorman's at the Colegio Franco Inglés, where they attended high school, and then again at the Academy of San Carlos, remembered him for his fearlessness and his physical strength. He recalled him around 1924, hanging from the flagpole that projected from the cornice of the old school building and doing twirls in mid-air;[8] but he also remembered him with a book under his arm: the original French edition of Le Corbusier's *Vers une architecture*, which had just recently been published.[9] How much of it did that student read and what did he understand? O'Gorman claimed to have read it "several times with the greatest interest."[10] Could those "several times" be a clue to its difficulty? By 1979, at least, Del Moral thought that those ideas, mixed with others of Diego Rivera, had caused O'Gorman to "choke" and end up with "indigestion." Although some of Le Corbusier's Mexican readers of the time may have owned the volume, no one "had read it, and still less could we offer a critique of it."[11] Recent researchers have explained how the Swiss-French architect had written the book to forestall a possible social uprising, while its Mexican reader wanted to make a revolution with his architecture.[12] Both the Swiss architect and the Mexican one drew on the machine age, but the latter included in his formal solutions (more empirically than as a result of deliberation) all the riches of popular, vernacular, and local campesino architecture, which is functional by its very nature. In the realm of theoretical ideas as well, O'Gorman at that time was capable of doing twirls in mid-air. It was a different kind of functionalism: a radical, Mexican functionalism that doubtless owed something to his reading, but also came from his own reflections, his experience, and the context in which he found himself. That young man was able to create an endogamous functionalism, so to speak, a functionalism that came out of himself, sensitive to history and the specific circumstances of his time and place.

In 1973, O'Gorman would add that, as a result of his "several readings" of Le Corbusier, it "occurred" to him that it was necessary to create in Mexico a "totally functional" architecture, "removed from academicism and anything that could be considered orthodoxy or esthetic sectarianism..., an architecture that was engineering of buildings."[13] In 1973 O'Gorman was thinking not only of Le Corbusier but, franker and more humble, of have succeeded in "applying what [his] teacher [José Antonio] Cuevas considered a correct work of engineering and the theory that [his] teacher [Guillermo] Zárraga had taught [him]."[14] In short, the matter was more than just something that "occurred" to him.

Juan's functionalism was extreme. Beauty is eliminated in his house. The theory he adopted claimed that whatever was functional was consequently beautiful. This is a doubtful, a very doubtful, equation.

Edmundo O'Gorman[15]

Believing that the problems of architects were fundamentally identical to those of the engineer in the example he gave in that 1929 interview in *Tolteca*, Juan O'Gorman followed his ideas to their logical conclusion. His aspiration as a builder, not as an architect, was "to produce the most perfect and most economical design, so that the greatest number of people can enjoy it."[16]

2 Luna Arroyo, *Juan O'Gorman*.

3 Ibid., p. 78.

4 Toussaint, *Retrato y paisaje*, p. 19.

5 Luna Arroyo, *Juan O'Gorman*, pp. 88-90, 94, and 99. By O'Gorman associated the notion of "functional" with that of completely "non-academic," and he wrote that, at that time, building a house "was what I wanted to do, more than anything else in my life." Also: "I felt the urgent need to make a house...."

6 Ibid., p. 99.

7 "Juan O'Gorman," unsigned article in *Tolteca* 22 (Mexico City), December 1929, pp. 328-330. See also Ida Rodríguez Prampolini, *Juan O'Gorman. Arquitecto y pintor* (Mexico City: UNAM/IIE, 1982), p. 27.

8 Lilia Gómez and Miguel Ángel de Quevedo, "Entrevista con el arquitecto Enrique del Moral el día 19 de octubre de 1979," in *Testimonios vivos, 20 arquitectos* [Cuadernos de Arquitectura y Conservación del Patrimonio Artístico 15-16] (Mexico City: Dirección de Arquitectura del INBA/SEP, 1981), p. 70.

9 As is well known, the book was made up of articles published previously by Le Corbusier. Víctor Jiménez insists that it is not a difficult book, but one full of daring assertions, which must have made it attractive to the young O'Gorman. Jiménez adds that there are traces of the tone of the book in the texts O'Gorman was writing at the time. It would be interesting if Víctor Jiménez could explain and elaborate on these suggestive ideas in an article.

10 Luna Arroyo, *Juan O'Gorman*, p. 94.

11 Gómez and Quevedo, "Entrevista con el arquitecto Enrique del Moral," pp. 69 and 74. See also "Arquitecto Enrique del Moral," in Pablo Quintero (ed.), *Modernidad en la arquitectura mexicana (18 protagonistas)* (Mexico City: UAM-Xochimilco, 1990), p. 108. The emphasis on "Del Moral around 1979" is significant, since by that time he was distanced from O'Gorman, a fact which may explain his point of view. Víctor Jiménez thinks that Del Moral's opinions at that specific time must be taken with a grain of salt, since the longstanding friendship between Del Moral and O'Gorman had fractured by then, and there were still frictions between them.

12 Taller 1932, *Utopía. No utopía. La arquitectura, la enseñanza y la planificación del deseo* (Mexico City: Museo Casa Estudio Diego Rivera y Frida Kahlo, 2005), pp. 9ff.

13 Luna Arroyo, *Juan O'Gorman*, p. 94.

14 Ibid., p. 100.

15 Edmundo O'Gorman in an interview with the author (2 April 1986).

16 "Juan O'Gorman," *Tolteca* 22, pp. 328-330.

THE YOUNG O'GORMAN'S FIRST FUNCTIONALIST HOUSE[17]

Juan O'Gorman began his architecture studies at the Escuela Nacional de Bellas Artes in the Academy of San Carlos building in 1923. He concluded them in 1927.[18] Several scholars have confirmed that the young O'Gorman also worked from 1925 to 1928, first as a draftsman and later as a construction contractor for the architect Carlos Obregón Santacilia.[19] In other words, O'Gorman's professional life began when he was still a student, between the second and fourth year of his undergraduate studies. Obregón Santacilia was nine years older than O'Gorman; he had begun his architecture studies in the same school, finishing in 1921. Four years later, he found himself involved in two projects: "the reconstruction of a bank at the corner of Isabel la Católica and Uruguay" –as O'Gorman was to recall years later[20]– and the construction of a new building for the Department of Health, from which the Secretaría de Salubridad y Asistencia would later be created. This building occupied the city block defined by Paseo de la Reforma, the Calle de Lieja, and the former Calzada de Tacubaya. O'Gorman worked as a draftsman on this project.

O'Gorman described this time in his autobiography.[21] With the money earned by O'Gorman from the first of these two projects (the reason he happened to recall it), after it was divided up with his two partners on the job, Enrique del Moral and Marcial Gutiérrez Camarena, he bought a lot on which to build a house where he planned to live with his family. His brother Edmundo O'Gorman remembered in this connection that Juan had not yet left home. Thanks to his interest in sports, Juan O'Gorman was the first to learn that the tennis courts of the Club San Ángel were being sold.

During the last three years of my architecture studies I had a girlfriend. A Mexican girl, pretty, athletic, a swimmer. I was also a sportsman: I liked to play tennis, I pole vaulted, and I was a runner. I had a slender athletic build.

JUAN O'GORMAN[22]

The lot he acquired was located at the corner of Altavista and Palmas (now Diego Rivera). It measured approximately 1,110 square meters. As O'Gorman would later recall: "Lots were extremely cheap at that time. I managed to buy [what had been] two terraced tennis courts."[23]

At the end of 1929, and through 1930, Juan O'Gorman was busy with the task he most wished for in life, as we have mentioned above: building the house that still today bears the number 81, now on Diego Rivera (formerly Palmas). It cost him 6,500 pesos.

It was in the course of this experiment that he developed his own architectural language. O'Gorman recalled that the house had "free concrete structures, exposed plumbing and electrical installations, [and] only the clay-block and brick walls were plastered." The ironwork was modulated, there were no balustrades on the rooftop, and –most striking of all– the water tanks were visible from the street, boasting out loud: "This house has drinking water!" Its appearance was "strange," as Juan O'Gorman himself acknowledged.[24] The house had four bedrooms, two bathrooms, a living room, a kitchen, a service room, a garage, a free-plan ground floor, and a studio on the upper floor with windows looking south and east. It was no more and no less than the first functionalist house built in Mexico. At that time, as we have suggested, O'Gorman's ideas about architecture were beginning to take shape, thanks to his reading and rereading of Le Corbusier and his own experiences.[25]

I had the good fortune to be the first architect in Mexico who ventured to make completely functional houses. I built the house in 1929 and it had some influence in Mexico. The contrast between its appearance and the architecture that was then being built was notable. Located as it was across from a colonial building, the Goicochea hacienda, which is now the San Ángel Inn restaurant, many people turned away when walking by it in order not to see the "horror" built across from San Ángel Inn by an individual "whose diploma should be taken away from him, so that he doesn't keep doing such horrible things."

JUAN O'GORMAN[26]

Juan O'Gorman's parents, however, preferred not to move into the new house, not because they shared the narrow-minded ideas of those who tried from then on to disqualify their son's architectural ideas, but simply because they did not fit in it. Cecil Crawford O'Gorman was an avid collector of colonial art and furniture and Juan's brother Edmundo had already assembled his first library, to which the large number of his father's books was added. It seemed absurd in any case to leave the enormous colonial dwelling nearby, at Santísimo number 6, to move into a little glass box that their son the architect had built. The house on Palmas was rented out and Juan O'Gorman was able to pay back his father what had been spent on his education.

It is important to emphasize the modern gestures of the house and their fusion with Mexican vernacular architecture. The house has an interior stairway that communicates the ground floor with the upper floor; O'Gorman complied thereby with the simplest logic of a builder, but as an avant- garde detail, the house has another stairway (a more emphatic exterior one), which was –and indeed still is– radically modern: almost a statement, a manifesto. A geometrically exact spiral winds upward from the ground floor and is anchored on the first terrace level. To create this self-supporting structure, the formwork must have been mounted and dismounted, and the cement poured, with the greatest care. The terrace (onto the southern side of which the stairway issues) overlooks the Calle de las Palmas. It should be imagined in its context of 1929 or 1930, with its vistas of the surrounding gardens and the setting sun. O'Gorman worked with his ironworkers to build folding, floor-to-ceiling, wall-to-wall windows. The highest praise they can be given is that, with a few repairs, they could still function today. Given the weight of the door leaves, the young architect's solution was to have them hang from beams rather than slide along the ground. Also, in the garage, O'Gorman built the first lightened floor slabs, with traditional clay coffering, where the steel runs only through the load-bearing sections of the slabs. But these technologically advanced solutions dialogue with a division of the lot based on vernacular piled-stone walls and a hedge of columnar cacti, as in campesino dwellings. The colors he used also evoke a Mexican esthetic: Indian red, white, blue, and ocher tones. Not only did he make some delightful curved cavities for the water heaters, but also ventured to do without columns for the eastern edge of the upper floor slab. Finally, O'Gorman was a pioneer in ergonomic solutions, even fashioning small recesses to serve as headrests in the bathtubs.

17 Strictly speaking, the first work designed and built by O'Gorman was the house for Ernesto Martínez de Alba on the Calle de Catón in Lomas de Chapultepec (1928), since demolished. It was an interesting house, judging by the only known photograph of it, but the fact that it had balustrades, baseboards, and concealed plumbing and electrical installations distanced it from the pure, uncompromising functionalist ideas of O'Gorman's later work. See Marisol Aja, "Juan O'Gorman," in *Apuntes para la historia y crítica de la arquitectura mexicana del siglo XX: 1900-1980*, vol. 2 (Mexico City: SEP/INBA, 1982), p. 21.

18 It is a little-known fact that two of O'Gorman's great-uncles (Miguel and Francisco) also studied architecture at the Academy of San Carlos in the 1860s and 1870s. See Toussaint, *Retrato y paisaje*, p. 9.

19 Rodríguez Prampolini, *Juan O'Gorman. Arquitecto y pintor*, p. 27; Aja, "Juan O'Gorman," p. 17; and Víctor Jiménez, *Juan O'Gorman. Principio y fin del camino* (Mexico City: CONACULTA-Arquitectura/Círculo de Arte, 1997), p. 14. See also *Las casas de Juan O'Gorman para Diego y Frida* (Mexico City: INBA, 2001), p. 25, and "Un arquitecto de nuestro tiempo," in Elena Poniatowska, et al., *O'Gorman* (Mexico City: BITAL, Grupo Financiero, 1999), p. 120.

20 Luna Arroyo, *Juan O'Gorman*, p. 98.

21 Ibid., p. 99.

22 Ibid., p. 94.

23 Ibid., pp. 99-100.

24 Ibid,, p. 100.

25 Ibid., p. 94; Víctor Jiménez states that the Le Corbusier's book became known in Mexico, or that O'Gorman read it, in 1926 (*Juan O'Gorman. Principio y fin*, p. 14); see also *Juan O'Gorman, vida y obra* (Mexico City: UNAM, 2004), p. 13.

26 Luna Arroyo, *Juan O'Gorman*, p. 100-101. As Víctor Jiménez explains in his essay in this book, O'Gorman designed the house in 1929, obtained the construction permit through Marcial Gutiérrez Camarena the same year, and built the house in 1930.

I can't find the word, but that house literally appeared then. People talked about it, about the architect who had designed it... but don't think –as has often been said– that it caused controversy. People did say it was ugly, aggressive in its colors (pink, grey, red, yellow, and blue), bare and simplistic in its massing. Juan Martínez del Cerro was of this opinion when he talked to me. I don't remember what the students thought of it.

ENRIQUE YÁÑEZ[27]

Thus, Juan O'Gorman, that young man of twenty-five in 1930, who had failed geometry in high school in 1921 and had barely passed composition in 1927, finished his work with satisfaction, signing it at the top of the southern façade as if it were an oil painting or a mural. The calligraphic style of the signature reflects contentedness. Juan O'Gorman knew the value and importance of his achievement. Daring to launch himself into the unknown, he reflected on, designed, and built what no one had done before him in Mexico, and he did it in endogamous style, if the term may be permitted again, with attention to what traditional builders in Mexico had always known how to do, and combining it, moreover, with the most modern work being done in the world at that time.

●

27 Enrique Yáñez in an interview with the author (20 November 1985).

OLTECA

Publicación bimestral correspondiente a marzo de 1932.

Registrada como artículo de segunda clase en la Administración de Correos de la Ciudad de México con fecha 7 de diciembre de 1929.

Editada por La Tolteca, Compañía de Cemento Portland, S. A., Apartado 233, México, D. F., y redactada por F. Sánchez Fogarty.

2 - NUMERO VEINTIDOS - 22

EDICADO A LA SECCION DE

DIBUJO EN EL CONCURSO TOLTECA

EL 21 ESTUVO DEDICADO A LA FOTOGRAFIA

EL 23 ESTARA DEDICADO A LA PINTURA

"EL HORNO" de Máximo Pacheco. (Recompensa B-4).

Juan O'Gorman

Cuando Juan O'Gorman, el arquitecto que no desea serlo, habla, es un poco difícil entender lo que dice; pero, en cambio, cuando pinta (Primer Premio en el CONCURSO TOLTECA) o construye (ejemplo: su proyecto aquí ilustrado) todo lo que nos tenía que decir lo entendemos inmediatamente. Malo fuera, por supuesto, que hablando o escribiendo a maravilla, desbarrase cuando aplicara sus teorías; porque entonces no pasaría de ser una mediocridad como hay centenares de miles de personas.

Las teorías de este arquitecto (porque tal es aunque no quiera recibirse) son que las fuerzas humanas creadoras nunca parten (ni se preocupan) de la forma externa de las cosas, para resolver los problemas; sino que la forma externa siempre es un simple resultado (un accidente, diría el que ésto escribe) de la resolución de tales problemas. O'Gorman pone el ejemplo de un ingeniero mecánico-electricista que al componer su conmutador, le tiene sin cuidado la forma externa que asumirá; entendiéndose por forma externa la parte visible, "artística", plástica de la obra; de tal manera que si a ese ingeniero lo que más le importara fuera obtener un conmutador bonito en vez de un conmutador eficaz, iría al fracaso.

Y O'Gorman cree que los problemas de la arquitectura son, fundamentalmente, idénticos a los problemas del ingeniero o de un simple fabricante de lápices, focos o corcholatas, es decir:

I—producir el tipo más perfecto y más económico, y así:

II—lograr el que todas las personas, o el mayor número posible de personas, puedan disfrutar de ese producto.

Porque efectivamente una casa es un producto que, en el fondo, no difiere de un zapato. (Y no nos ofendamos porque se compare una casa con un zapato. El hombre actual, descalzo, es el hombre más infeliz e impotente del mundo. ¡Qué más diera porque una casa fuera tan importante, tan necesaria como un zapato!....)

Por lo tanto, dice bien O'Gorman cuando sostiene que la misión del arquitecto no es adornar casas, vistiéndolas de gótico o veneciano o azteca. Eso en tal concepto se queda para los decoradores de escenarios teatrales, porque al fin dicen que en las tablas todo es ficción, es decir, todo es mentira. No; la misión del arquitecto nunca ha sido disfrazar casas modernas de casas antiguas.

La casa del arquitecto Juan O'Gorman en el antiguo San Angel, ahora Villa Alvaro Obregón - quizá la más revolucionaria y radical que se haya hecho en México hasta estos momentos. Nosotros la llamaríamos "Primeros Principios".

La misión del arquitecto termina cuando entran en juego los escenógrafos con las cornisas que para nada sirven, las molduras que estorban, los empapelados que anidan microbios, los alfombrados que albergan polvo y los adornos que.... afean.

La misión del arquitecto termina cuando, en una palabra, aparece "el buen gusto", porque eso (o sea lo que O'Gorman llama sentimentalismo) es el peor enemigo de la razón, de la lógica, **de la función,** de la verdadera función, no de la función teatral.

"El buen gusto" evita que las casas sean perfectas y económicas y que un número mayor de personas pueda disfrutarlas. "El buen gusto" es una especie de fábrica de estilos de todas las épocas menos la actual. Porque propiamente estilo no tiene ni puede tener la actual. "El estilo de un período de arquitectura se formula después de la época en que se produjo el movimiento, como sucede con las demás clasificaciones históricas. No es, por lo tanto, el estilo un factor de producción". Y sigue diciendo O'Gorman: "La antigüedad no nos proporciona los servicios necesarios para nuestra vida presente: al contrario, a cada momento nos estorba. Las casas viejas, las ciudades viejas son torpes, insalubres —sólo por un milagro se les puede adaptar la plomería, la electricidad".

Y si lo antiguo es así ¿por qué entonces resucitar los estilos de la antigüedad? El único pretexto pudiera ser "conservar el ambiente" del lugar. Efectivamente, hay personas que afirman: "El estilo colonial nos encanta". ¿Será verdad? Creo que no, pues ¿por qué habiendo tantas casas coloniales **legítimas,** vacías y a precios de alquiler muy bajos, por qué esas personas construyen nuevas casas o toman en arrendamiento casas nuevas? "Ah, sí" —se me responderá— "pero es que las casas coloniales **auténticas** están muy mal situadas, son muy tristes y oscuras, muchas están cayéndose, son desproporcionadamente espaciosas y frías. En una palabra: parecen sombríos monasterios de frailes penitentes; son antihigiénicas, están anticuadas. Y nosotros necesitamos alegría, comodidad, limpieza —mucha luz, mucho aire, mucha agua".

¿En qué quedamos, pues? ¿para qué, entonces, tanto nicho, tanto soportal y tanto arco en una casa nueva? ¿para "conservar el ambiente" del lugar? Sin embargo, ¿no dicen que ese "ambiente" (el **genuino)** es monásticamente lóbrego? "Ah, sí" —se me redargüirá— "pero el colonial moderno

---

Otras vistas de la casa del arquitecto O'Gorman, quien ha llevado su racionalismo al extremo de emplear asbestocemento en las puertas y dejar expuesto interiormente el concreto en los techos. . . . . . El tiempo dirá la última palabra.

es diferente". ¿Diferente?... Entonces es falso de toda falsedad, porque, además, hace un siglo que México no es colonia.

En vez de tanto adorno inútil (porque nadie, ni el propietario ni el autor mismo se engaña de que tal ambiente es colonial, a menos que con "colonial" quiera decirse que la casa está en la Colonia Roma o en la Colonia Industrial) en vez de tanto adorno inútil, empléese parte del dinero que cuestan las caretas, los postizos y las bambalinas, en construir sólidamente la casa. La otra parte del dinero empléese en libros, en viajes, en ahorros, en seguros, en colegiaturas —en tantas cosas verdaderamente útiles y agradables.

La parte estructural de la casa, es decir: los cimientos, el esqueleto, los entrepisos, el techo, los muros —es, en realidad, la parte más barata de la casa; pero al mismo tiempo la más vital, la más importante. De ella depende la estabilidad, la seguridad de la casa y todo lo que contiene, inclusive sus moradores: hombres y mujeres, niños y ancianos. Pues bien: frecuentemente se da el caso de que "se economiza" en la parte estructural, con objeto de que sobre dinero para que pueda tomar parte la casa en el Carnaval .... de los Estilos. ¿No es una aberración contra el bolsillo (y, por supuesto, contra la verdadera estética) hacer mal la parte estructural para después tener con qué enmascarar la casa? Yo diría que sí, aunque la máscara se confeccione con cemento (el cemento para todo se presta) pues sería preferible que ese cemento mejor se empleara o se agregara a los cimientos, a todas las revolturas destinadas a FORTALECER la construcción. Así, mientras la disposición, los servicios, es decir, LA ARQUITECTURA, de esa casa sean útiles a quienes la ocupan, la casa permanecerá sólidamente en pie, Y EL DINERO INVERTIDO EN ELLA GANARA MAYOR INTERES Y ESTARA MEJOR ASEGURADO.

Repetimos, sin embargo, que Juan O'Gorman ejecuta mejor las cosas de lo que las platica, y al efecto llamamos a usted la atención a las fotografías de una de sus casas en la Villa Alvaro Obregón —casas sencillas, construídas íntegramente de concreto reforzado—casas que así, "futuristas", están hechas efectivamente para el futuro, no el pasado.

Emplee usted CEMENTO TOLTECA, porque el cemento es el alma del concreto, y porque sus construcciones merecen el mismo producto con que, por ejemplo, la Compañía Mexicana de Luz y Fuerza Motriz, Sociedad Anónima, ha hecho e instalado en el Distrito Federal 8,393 postes de concreto y cerca de 30,000 durmientes también de concreto.

ES MUY CONOCIDO que Juan O'Gorman ganó el concurso de pintura convocado por la compañía cementera La Tolteca, pero lo es menos que el número 22 de la revista *Tolteca* (marzo de 1932), órgano de la misma, hubiese dedicado a su casa de 1929-1931 un texto que ocupa las páginas 328 a 330, más cuatro fotografías en dos páginas sin numeración. El artículo es de Federico Sánchez Fogarty, gerente de la empresa y gran impulsor del arte de vanguardia de la época. En el texto se destaca lo que O'Gorman pensaba entonces sobre la arquitectura. No me extiendo más, ya que esas páginas se reproducen aquí, pero quiero destacar dos expresiones que aparecen en los pies de las fotos: la casa sería "quizá la más revolucionaria y radical que se haya hecho en México hasta estos momentos. Nosotros la llamaríamos 'Primeros Principios'"; la segunda resume la primera recepción de la obra arquitectónica de Juan O'Gorman: "El tiempo dirá la última palabra". Se trata de una expresión usual, pero hoy podemos leerla, a 85 años del momento en que O'Gorman terminó sus planos, como la constatación de que la arriesgada apuesta del joven arquitecto valió sobradamente la pena.

Víctor Jiménez

IT IS WELL KNOWN that Juan O'Gorman won the first painting competition held by the cement company La Tolteca, but much less known is the fact that issue number 22 (March 1932) of the company magazine *Tolteca* contained an article about O'Gorman's 1929-1931 house. Authored by Federico Sánchez Fogarty, manager of the company and an avid exponent of avant-garde art of the period, the article occupies pages 328 through 330 of the issue and is accompanied by two additional unnumbered pages of photographs. The text makes clear what O'Gorman thought about architecture at the time. I will not further elaborate on it, since the article is reproduced here, but I would like to underline two phrases that appear in the photo captions. The first states that the house is "perhaps the most revolutionary and radical that has been built in Mexico up to this moment. We would call it 'First Principles'." The second sums up the initial reception of Juan O'Gorman's architectural work: "Time will have the last word." The phrase is a cliché, but today, eighty-five years after O'Gorman finished his design, we can read it as a declaration that the young architect's audacious venture finally yielded rich dividends.

Víctor Jiménez

Páginas siguientes:
Plano autógrafo del proyecto elaborado por Juan O'Gorman en 1929. O'Gorman introdujo las modificaciones hechas a la casa después de su terminación: eliminación del ventanal grande del estudio, introducción de chimeneas y otras. También cambió el nombre del propietario para escribir el de su padre. A la izquierda: arriba, fachadas poniente y, abajo, oriente. A la derecha: arriba, planta baja y, abajo, fachada sur. En el borde derecho un sello del Departamento del Distrito Federal con fecha 23 de diciembre de 1929 y las firmas de Marcial Gutiérrez Camarena y Juan O'Gorman. Colección Dirección de Arquitectura y Conservación del Patrimonio Artístico Inmueble, INBA.

Plano autógrafo del proyecto elaborado por Juan O'Gorman en 1929. A la izquierda: arriba, planta de conjunto, con el lote que venderá a Diego Rivera y el de su casa y, abajo, corte viendo hacia el poniente. A la derecha: arriba, planta alta y, abajo, fachada norte. Colección Dirección de Arquitectura y Conservación del Patrimonio Artístico Inmueble, INBA.

Following pages:
Autograph plan drawn by Juan O'Gorman in 1929. O'Gorman made various modifications to the house after it was finished, including the elimination of the large studio window and the addition of chimneys. He also changed the name of the owner to that of his father. Clockwise from top left: west façade, ground floor, south façade, east façade. On the right-hand edge of the plan is the seal of the Departamento del Distrito Federal, dated 23 December 1929, along with the signatures of Marcial Gutiérrez Camarena and Juan O'Gorman. Dirección de Arquitectura y Conservación del Patrimonio Artístico Inmueble, INBA.

Autograph plan drawn by Juan O'Gorman in 1929. Clockwise from top left: general plan (including lot later sold to Diego Rivera and that of his own house), upper floor, north façade, section looking west. Dirección de Arquitectura y Conservación del Patrimonio Artístico Inmueble, INBA.

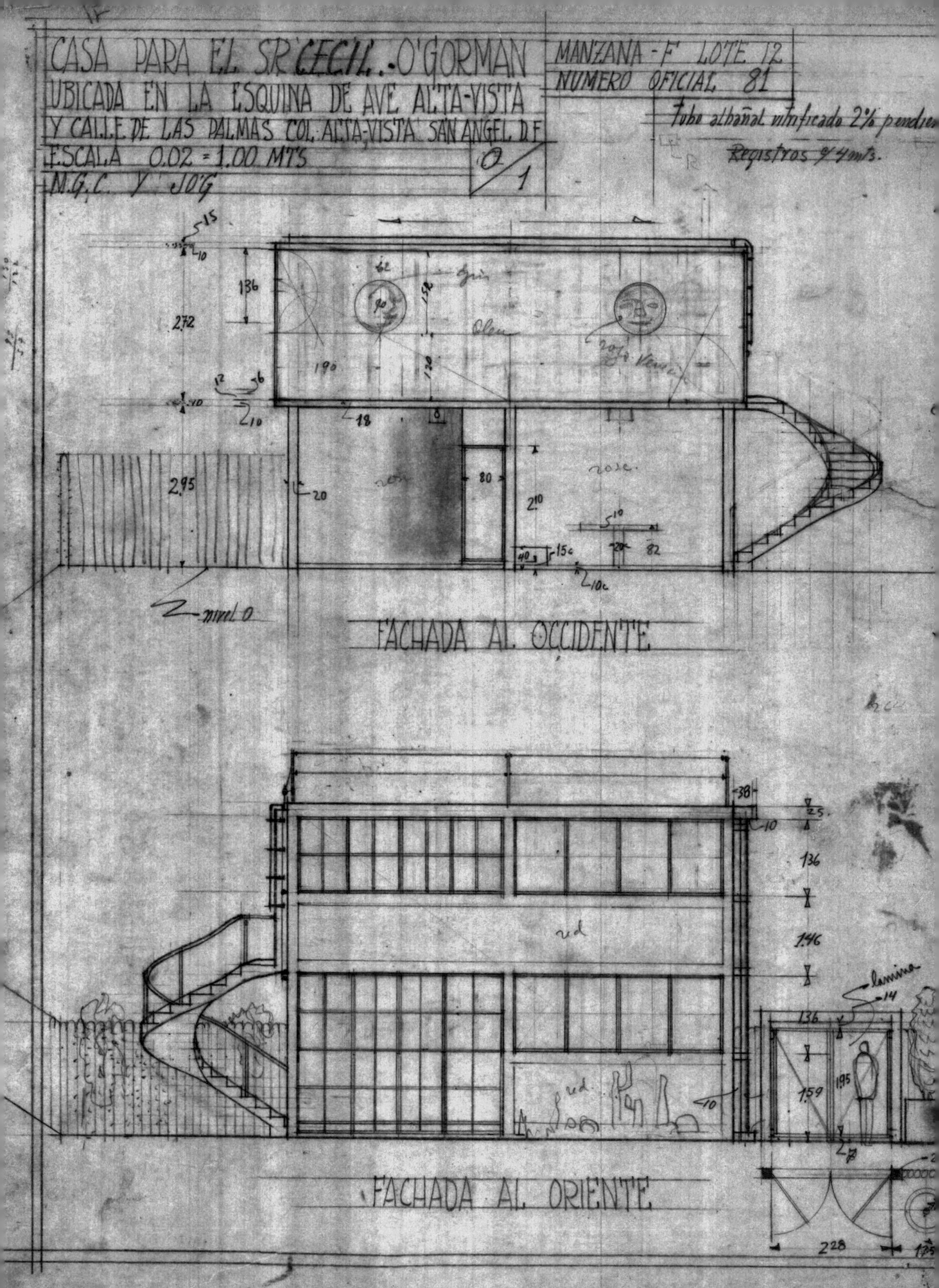
CASA PARA EL SR. CECIL .-O'GORMAN
UBICADA EN LA ESQUINA DE AVE ALTA-VISTA
Y CALLE DE LAS PALMAS COL. ALTA-VISTA SAN ANGEL D.F.
ESCALA 0.02 = 1.00 MTS
M.G.C. Y J.O'G
0
1
MANZANA - F LOTE 12
NUMERO OFICIAL 81
Tubo albañal vitrificado 2% pendien
Registros @ 4 mts.
nivel 0
FACHADA AL OCCIDENTE
lamina
FACHADA AL ORIENTE

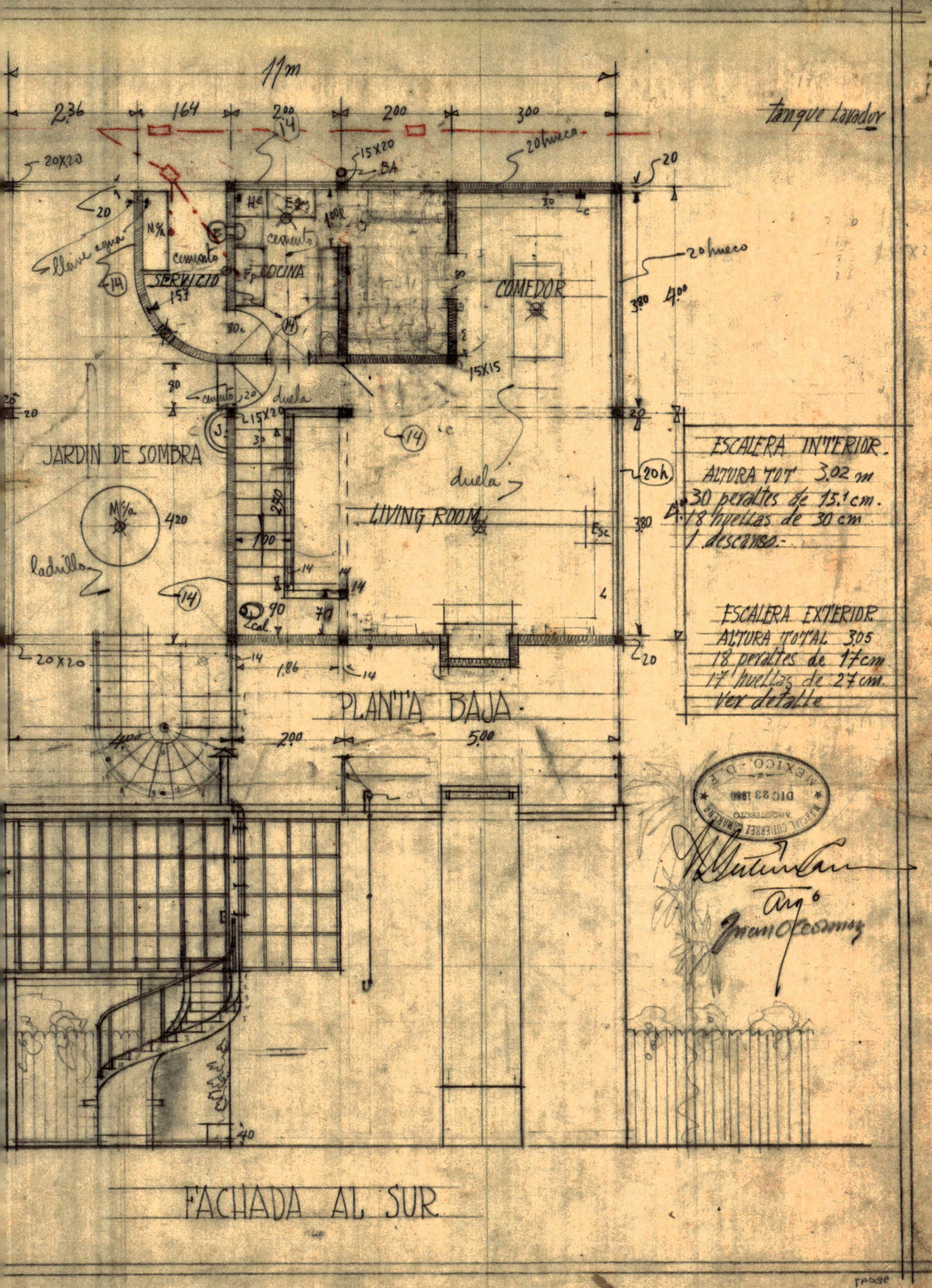
11 m
tanque lavador
SERVICIO
COCINA
COMEDOR
JARDIN DE SOMBRA
LIVING ROOM
duela
ladrillo
ESCALERA INTERIOR
ALTURA TOT 3.02 m
30 peraltes de 15.1 cm
18 huellas de 30 cm
1 descanso
ESCALERA EXTERIOR
ALTURA TOTAL 305
18 peraltes de 17 cm
17 huellas de 27 cm
Ver detalle
PLANTA BAJA
MEXICO, D. F.
DIC 23 1980
ARQUITECTO
FACHADA AL SUR

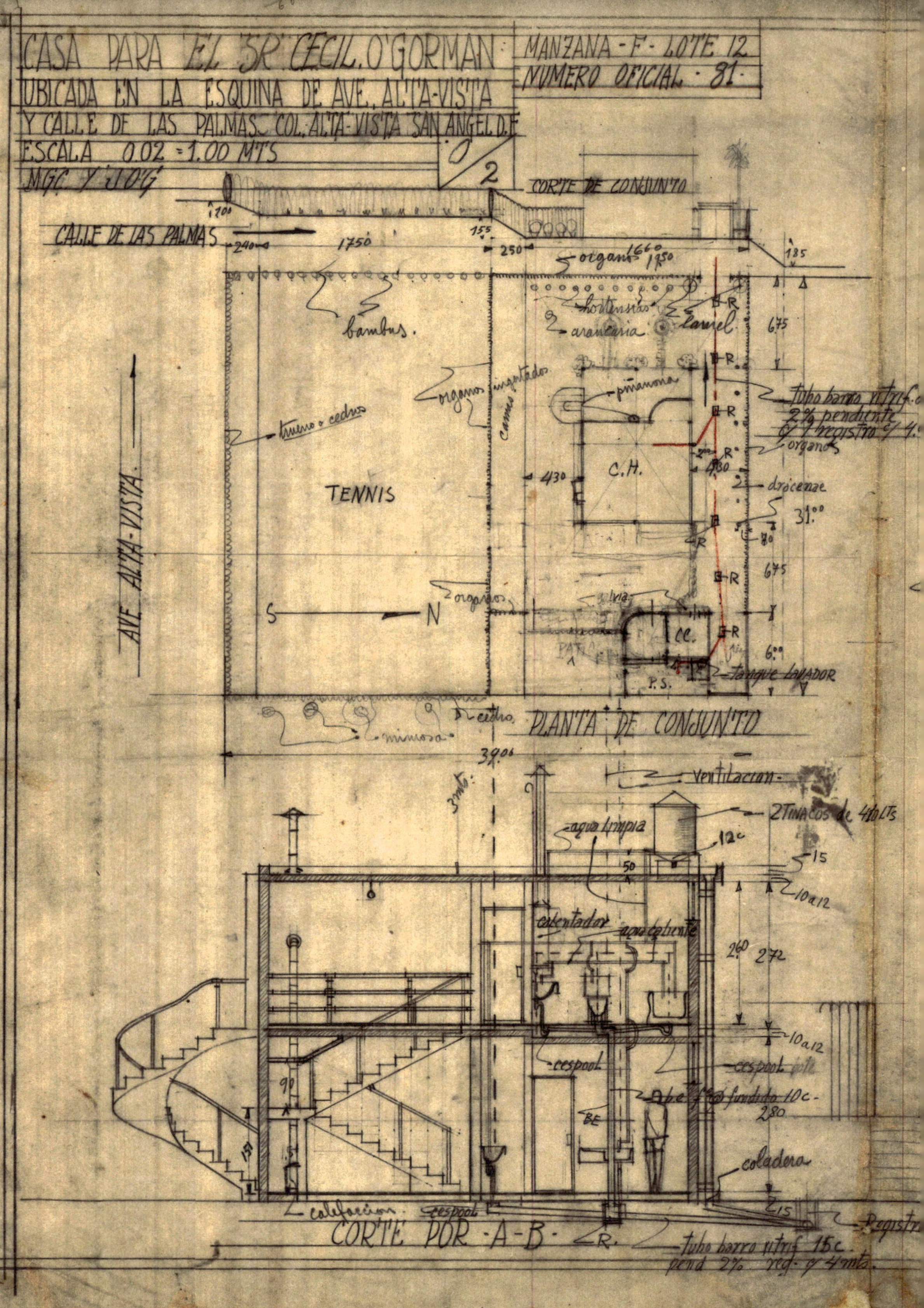
CASA PARA EL SR. CECIL O'GORMAN
UBICADA EN LA ESQUINA DE AVE. ALTA-VISTA
Y CALLE DE LAS PALMAS. COL. ALTA-VISTA SAN ANGEL D.F.
ESCALA 0.02 = 1.00 MTS
MGC. Y J.O'G
MANZANA -F- LOTE 12
NUMERO OFICIAL -81-
0/2
CORTE DE CONJUNTO
CALLE DE LAS PALMAS
bambus
organos
hortensias
araucaria
laurel
tubo barro vitrif.
2% pendiente
organos
drocenae
pianola
C.H.
TENNIS
AVE. ALTA-VISTA
S
N
CC.
PATIO
P.S.
tanque LAVADOR
cedro
mimosa
PLANTA DE CONJUNTO
ventilacion
2 TINACOS de 410 LTS
agua limpia
calentador
agua caliente
cespool
coladera
calefaccion
CORTE POR -A-B-
tubo barro vitrif. 15c
pend. 2% reg. c/ 4 mts.
Registro

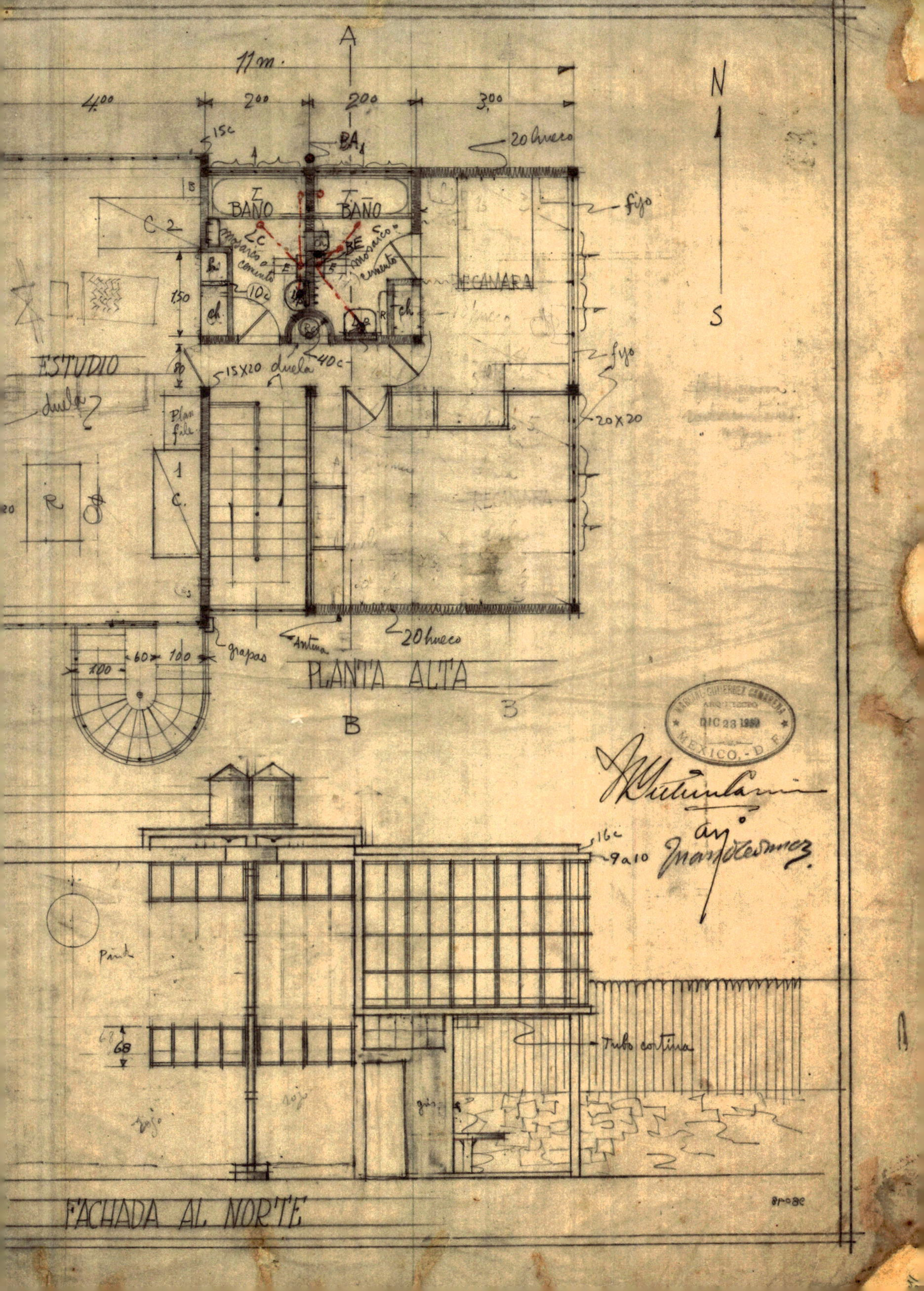
PLANTA ALTA
11 m.
N
S
A
B
BAÑO
BAÑO
RECAMARA
ESTUDIO
duela
20 hueco
fijo
20X20
15X20
grapas
FACHADA AL NORTE
Tubo cortina
9 a 10

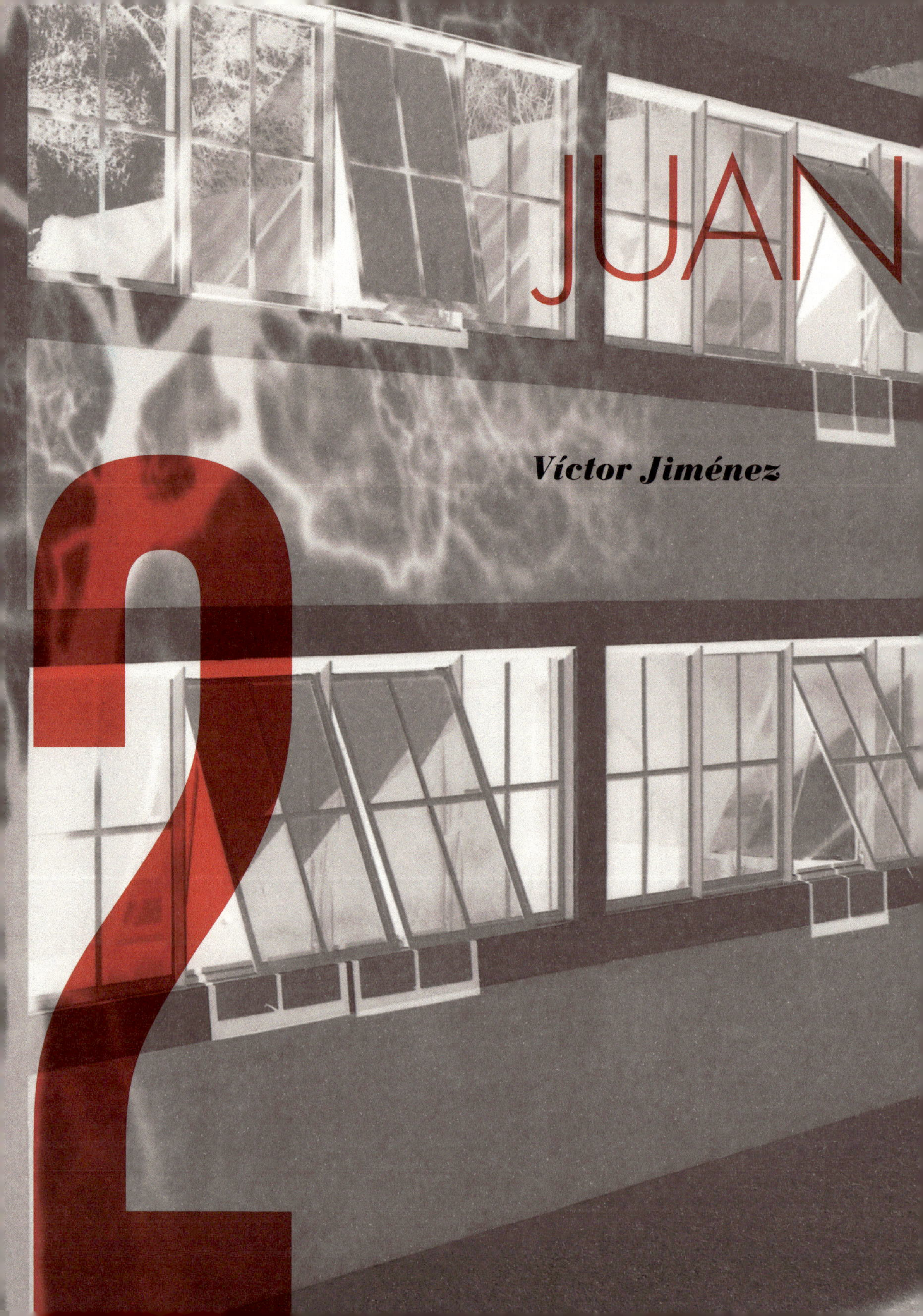

JUAN 2

Víctor Jiménez

LA CASA DE O'GORMAN DE 1929

LA DÉCADA DE 1920: UN NUEVO COMIENZO

La *élite* mexicana de finales del siglo XIX y principios del XX adoptó el cosmopolitismo artístico –el arquitectónico de manera destacada– como distintivo de progreso y modernidad, por lo que a la caída del régimen que lo hizo posible –la dictadura de Porfirio Díaz– quedará muy pronto desprestigiado. A esto se sumaría de manera concurrente, a los pocos años, una circunstancia externa: una guerra, la primera llamada Mundial, provocará el colapso de la cultura académica europea y con ella el del historicismo que había dominado la arquitectura. La posguerra abrió las puertas a las vanguardias que buscaban hacía tiempo su oportunidad. Tal sacudida cultural tuvo repercusiones que no podían excluir a México, donde el contexto político favorecía todo lo ajeno a la *belle époque* porfiriana, propiciando –así ocurrió– un renacimiento tan nacionalista como cosmopolita. La vanguardia artística local, de aspiraciones cosmopolitas, vio frente a sí un campo favorable a sus propuestas, mientras los nacionalistas encontraban que ése era el momento más adecuado a sus aspiraciones. Las circunstancias hicieron que nacionalismo y vanguardia fuesen complementarios, no antagónicos. Carlos Obregón Santacilia (1896-1961), el arquitecto mexicano dominante en la década de 1920, hacía énfasis en esta peculiar combinación propiciada por el vuelco político que le tocó atestiguar en su juventud. Habla primero de la reivindicación nacionalista:

> Con las canciones que trae la Revolución se estimula la vuelta de lo nuestro que había estado postergado, y la gente que encargaba sus cobertores a París se acuerda de que en México se hacen los sarapes de magnífica lana [...]. Se ven en la ciudad chamarras norteñas y objetos de otros rumbos del país que eran totalmente desconocidos en el centro, se ponen en boga los guisos nacionales y en pleno 1920 nos encontramos descubriendo a México.
>
> Surge un poeta, López Velarde, como de otra época lo fue Gutiérrez Nájera, y sus versos magníficos como "La Suave Patria", son un dechado de todo lo mexicano.[1]

Este poema de López Velarde, de 1921, fue tan apreciado por Jorge Luis Borges que llegó a saberlo de memoria, lo que ya nos pone, desde el nacionalismo, en el territorio del cosmopolitismo, pero ahora con origen en México. Obregón también recuerda al Dr. Atl como el impulsor definitivo del arte popular mexicano (que, agrega, se banalizaría después). Podría haber mencionado al pintor francés Jean Charlot (1898-1979) también en este renglón, como el primero que revalorará el arte de José Guadalupe Posada.

La generación de Obregón se mantenía muy atenta, sin contradicción, a las propuestas internacionales del momento, porque en la Academia de San Carlos circulaban, dice,

> ... libros y periódicos modernos, y entre ellos el *Bauformen*, revista alemana de arquitectura que nos mostró por primera vez lo que ya se estaba haciendo en Europa [...]. Defendimos las cosas que José Clemente Orozco exponía en los corredores de la Escuela en 1916, el mismo año de nuestra entrada a ella y que nadie comprendía; analizamos a Otto Wagner y a otros arquitectos vieneses y alemanes. [...]. Leíamos, viajábamos, buscábamos arte moderno en todo, en exposiciones, en el teatro, como el de la "Chauve Souris" que vimos en Nueva York, no apartándonos ya jamás, desde entonces, de ese ideal: hacer arquitectura, buena arquitectura de nuestro tiempo. Pero a la vez estábamos envueltos en el movimiento nacionalista de la Revolución [...].[2]

Obregón recordaba también que Diego Rivera, en los años veinte, había dado "con la pintura mural un gran impulso a la tendencia nacionalista imperante".[3] Juan O'Gorman (1905-1982) mantuvo en distintos momentos una gran cercanía con ambos: alumno de Obregón en 1923,[4] trabaja para él, aún como estudiante, en 1924-1926,[5] y también después, de 1927 a 1931.[6] Conoce a Rivera en 1923[7] y desde 1932 no dejará de frecuentarlo, así como a Frida Kahlo.[8] Hizo su propio acercamiento a la vanguardia arquitectónica leyendo *Vers une architecture* (1923), de Le Corbusier, en 1924,[9] pero no puede menos que impregnarse del nuevo nacionalismo por su cercanía con el muralista. Sobre éste dirá:[10] "[Diego Rivera] en sus pláticas, discursos, conferencias y conversaciones, en la tribuna pública o en cualquier otro sitio, procuraba enseñar a los mexicanos lo que era México. Es uno de los descubridores de México en el siglo XX".[11]

Las memorias de Obregón Santacilia permiten ver con precisión el ambiente cultural en que se formó Juan O'Gorman. También su compañero de estudios Enrique del Moral, al referirse a los últimos años de la década de 1920, lo percibió claramente:

> Recién salidos de la Academia de San Carlos y durante algún tiempo estuvimos asociados, trabajando juntos en el taller del arquitecto Carlos Obregón Santacilia con el que, entre otros trabajos, colaboramos en el proyecto y en la posterior construcción de la casa del licenciado Manuel Gómez Morín, que hasta hace algunos años todavía podía verse en la esquina de las calles de Parras y Nuevo León. Esta obra, debido a que fue la primera casa-habitación con lineamientos claramente modernos que se realizó, causó gran impresión en el México de entonces, al grado de que multitud de personas iban a visitarla durante la última etapa de su construcción.
>
> En esos mismos años conoció al pintor Diego Rivera, quien lo impactó fuertemente, puesto que por él sentía gran respeto y admiración, cultivando con él posteriormente estrecha amistad. Esta relación no sólo coadyuvó a inclinar más la vocación de Juan hacia la pintura, sino

también contribuyó a relacionarlo con el medio artístico y a ciertas áreas de ideología socialista, pertenecientes al ala más liberal del sector gubernamental.[12]

Pese a lo que escribía Del Moral en 1982, 45 años antes, en 1937, el mismo O'Gorman había redactado una breve biografía suya (o dio los datos para la misma), en inglés, para un número especial *–The New Architecture in Mexico–* de *The Architectural Record*, que permite entender otra cosa. La cito aquí:

> Juan O'Gorman. Born in Coyoacan, D.F., in 1905. 1922-1926, studied academy architecture in the University of Mexico. Also worked as draftsman and construction supervisor in various offices including those of Carlos Contreras, Carlos Tarditti, and Villagrán García. 1927, built his first house and was employed in the office of Carlos [Obregón] Santacilia on important government buildings. 1928, worked in the office of Mr. Obregon as chief draftsman. While there he painted frescoes in various pulque saloons. 1929-1931, while working in the same office, built five private dwellings including the house and studio for Diego Rivera. 1932-1935, under the Secretary of Public Education, Narciso Bassols, aided in the establishment of a new technical school on a strictly functional basis and become one of the instructors there. 1936, formed a group of nine young architects to study the problem of housing for workers.[13]

Israel Katzman, quien siempre proporciona la fecha de realización del proyecto, data el de Obregón para la casa de Gómez Morín en 1930;[14] Del Moral no está en lo cierto cuando presenta a Obregón como autor de la primera obra moderna de México, aunque sí al vincular a O'Gorman con Obregón en sus inicios profesionales y con Rivera en su orientación cultural y política. En cuanto a la casa de 1927-1928, que menciona O'Gorman como su primera obra, ésta fue la del ingeniero Ernesto Martínez de Alba, en Las Lomas, proyecto que prescinde de todo ornamento pero que carece de la radicalidad de su obra posterior.[15] En cuanto a la primera casa funcionalista de O'Gorman el proyecto data inequívocamente de 1929, y comparada con ésta la de Obregón es más conservadora. El propio Obregón hablará de O'Gorman, veinte años después, así: "El que encabezaba el funcionalismo escueto era el arquitecto Juan O'Gorman, arquitecto

1
Carlos Obregón Santacilia, *Cincuenta años de arquitectura mexicana*, México, Editorial Patria, 1952, p. 34; en adelante, *Cincuenta años*.

2
Cincuenta años, pp. 39-40.

3
Cincuenta años, p. 35.

4
Juan O'Gorman, *Autobiografía*, México, UNAM/DGE Equilibrista, 2007, p. 70; en adelante, *Autobiografía*.

5
Autobiografía, p. 80.

6
Autobiografía, pp. 83, 85 y la nota en *The New Architecture in Mexico* citada adelante.

7
Autobiografía, p. 89.

8
Autobiografía, p. 91.

9
Autobiografía, p. 76.

10
Autobiografía, p. 89.

11
Autobiografía, p. 93.

12
Enrique del Moral, "Juan O'Gorman", conferencia dictada el 11 de marzo de 1982 en la Academia de Artes, recogida en *El hombre y la arquitectura, ensayos y testimonios*, México, Facultad de Arquitectura-UNAM, 1983, p. 236; en adelante, *El hombre*.

13
Juan O'Gorman (probablemente), "Juan O'Gorman", en Esther y Ernest Born, *The New Architecture in Mexico*, número especial de *The Architectural Record*, 1937, p. 21. La traducción de la parte que aquí interesa dice: "1922-1926, estudió arquitectura académica en la Universidad de México. También trabajó como dibujante y supervisor de obras en varios despachos, incluyendo los de Carlos Contreras, Carlos Tarditti y Villagrán García. 1927, construyó su primera casa y trabaja en importantes proyectos gubernamentales en el despacho de Carlos [Obregón] Santacilia. 1928, trabajó en la oficina del Sr. Obregón como jefe de dibujantes. Mientras tanto pintó frescos en varias pulquerías. 1929-1931, mientras trabajaba en el mismo despacho construyó cinco casas-habitación privadas, incluyendo la casa y estudio para Diego Rivera".

14
Israel Katzman, *La arquitectura mexicana contemporánea. Precedentes y desarrollo*, México, INAH, 1964, p. 138.

15
Véase Marisol Aja, "Juan O'Gorman", en *Apuntes para la historia y crítica de la arquitectura mexicana del siglo XX: 1900-1980*, vol. 2, Cuadernos de Arquitectura y Conservación del Patrimonio Artístico, México, SEP-INBA, 1982, p. 21.

Primera casa proyectada por Juan O'Gorman. Las Lomas, 1927-1928.
First house designed by Juan O'Gorman in Las Lomas, 1927-1929.

de talento y gran pintor, que con el grupo de los arquitectos socialistas, en [el] cual se iniciaban los arquitectos Juan Legarreta [y] Enrique Yáñez, hicieron [*sic* por 'hizo'] un esfuerzo preparatorio interesante, que influyó en la búsqueda de una arquitectura para México".[16]

Obregón mismo veía a O'Gorman como un precursor (al menos en la versión "escueta" del funcionalismo) y no debemos olvidar que lo conocía muy bien. De hecho, como veremos, con el dinero ganado con Obregón compra O'Gorman los dos terrenos donde levantará, en uno, la pequeña casa-manifiesto que mostrará a Diego Rivera y, en el otro, las casas del muralista y su esposa. Será en 1929 cuando Juan O'Gorman acometa de frente, como no habían hecho Obregón y Villagrán, una arquitectura no sólo moderna sino de vanguardia, y no sólo avanzada en el contexto mexicano, sino en el internacional. Con su casa de 1929-1931 Juan O'Gorman establece el kilómetro cero de una nueva etapa de la cultura mexicana y permite que hablemos de un nuevo comienzo de la arquitectura contemporánea en México. Antes de él nuestra vista percibe siempre, en alguna medida, el pasado; a partir de O'Gorman sólo vemos el futuro. Lo demuestra la sorprendente vigencia de su obra.

LOS ORÍGENES COSMOPOLITAS DEL NACIONALISMO CULTURAL MEXICANO

A lo largo de todo el siglo XIX una lista muy grande de viajeros extranjeros –Guilhaume Dupaix, Frédéric von Waldeck, Eduard Mülenpfordt, la pareja de John Lloyd Stephens y Frederick Catherwood, Désiré Charnay, Alfred Maudslay, entre tantos otros– y algunos escritores mexicanos como Ignacio Manuel Altamirano, quien conoció a Charnay y a no pocos americanistas de su tiempo, habían avanzado en el conocimiento de las culturas del México antiguo a través de todos los testimonios a su alcance, sin olvidar el arte. Fue la de estos personajes una de las primeras aportaciones de la visión extranjera sobre unas culturas que durante la Colonia sólo habían padecido destrucción, desprecio e ignorancia. Importa detenerse en el francés Claude Désiré Charnay (1828-1915), quien viaja a partir de 1857 por Oaxaca, Chiapas y Yucatán para hacer las primeras fotografías de Mitla, Palenque, Izamal, Chichén Itzá y Uxmal. Recogerá las mismas en un álbum acompañado de un libro: *Cités et ruines américaines*,[17] para finalmente pasar su vejez en París, donde lo frecuentará el adolescente Jean Charlot, cuyo tío abuelo, Eugène Goupil, había vivido en México y contraído matrimonio con una nativa mexicana. En nuestro país conoció Goupil a Charnay y adquirirá una parte importante de la colección de antigüedades mexicanas reunidas por Lorenzo Boturini en el siglo XVIII. Charlot vio de pequeño esta gran colección en París y leyó el libro de Charnay, donde aparece citado el episodio conocido como La Masacre del Templo Mayor. Charlot emigrará a México en 1921 y muy pronto se incorpora a los medios artísticos capitalinos. Así, colabora a principios de 1922 con Diego Rivera en la elaboración de la encáustica *La Creación*, en el proscenio del Anfiteatro Simón Bolívar de la Escuela Nacional Preparatoria, pintura que respondía por completo a las ideas que tenía José Vasconcelos de la decoración mural de los edificios públicos, cuya temática habían establecido las artes decorativas decimonónicas: la exaltación, mediante figuras alegóricas, de un repertorio de virtudes cívicas moralizantes. Obregón lo vio con claridad cuando dice, justamente, que Vasconcelos

> Dio oportunidad a los pintores de la época, entre los que repartió los muros de los edificios públicos; a él se

debe la iniciación de la pintura mural mexicana; a Diego Rivera encomendó el anfiteatro de la Escuela Nacional Preparatoria, en donde hizo una decoración alegórica, todavía sin raigambre nacional, sino más bien influenciada de sus últimos recuerdos italianos y europeos en general.[18]

Pero Rivera debió al menos conversar con Vasconcelos, quien tendría una participación más que incidental en la definición de la temática del primer mural nacido de su iniciativa: *La Creación*. Es O'Gorman, curiosamente, quien nos confirma esta influencia de Vasconcelos en el contenido de los murales hechos durante el tiempo en que estuvo al frente de la Secretaría de Educación Pública (renuncia al cargo el 2 de julio de 1924). O'Gorman habla de Vasconcelos como Secretario mientras "Diego Rivera pintaba su gran mural a la encáustica en el Anfiteatro Bolívar". Era igualmente su primer año en la Escuela de Arquitectura: 1922. Inconformes él y otros compañeros de estudios decidieron visitar a Vasconcelos:

> Preguntamos a uno de los soldados allí presentes cuál era la oficina del secretario y nos indicó el lugar preciso, al que fuimos y que es, todavía en la actualidad, el despacho del secretario de Educación. Allí estaba, en esa época, Roberto Montenegro, pintando cuatro murales acerca de las religiones islámicas, hindúes y budistas. Tengo entendido que tales fueron los temas que el secretario Vasconcelos le había encomendado pintar en su propia oficina a Montenegro.[19]

Que *La Creación* tiene más que una probable vinculación con las ideas de Vasconcelos, es algo que considera Raquel Tibol: "En su mural *La creación* [...] Rivera creyó interpretar la teoría de Vasconcelos sobre una nueva raza en América, capaz de alcanzar una existencia superior gracias al conocimiento y la actividad estética. Por esa *Creación* plagada de alusiones esotéricas parecía que Rivera había descartado 'identificarse con las aspiraciones de las masas'".[20]

El muralismo, dejado a la iniciativa de Vasconcelos, hubiese sin duda avanzado en esta dirección. Pero hubo críticas a *La Creación*, que el mismo Rivera reconoció, intentando justificarse ante Juan O'Gorman: "... el carácter definitivamente religioso de la pintura del anfiteatro tiene una determinante

16
Cincuenta años, p. 81.

17
Désiré Charnay, *Ciudades y ruinas americanas. México, 1858-1861. Recuerdos e impresiones de viaje*, 2 vols. Traducción e investigación de Víctor Jiménez. México, Banco de México, 1994; en adelante, *Ciudades y ruinas*.

18
Cincuenta años, p. 46.

19
Autobiografía, p. 69.

20
Raquel Tibol, "La Secretaría de Educación Pública como Timonel de las Artes", en *Diego Rivera y los murales de la Secretaría de Educación Pública*, Secretaría de Educación Pública, 2002, p. 82; en adelante, *Diego Rivera*.

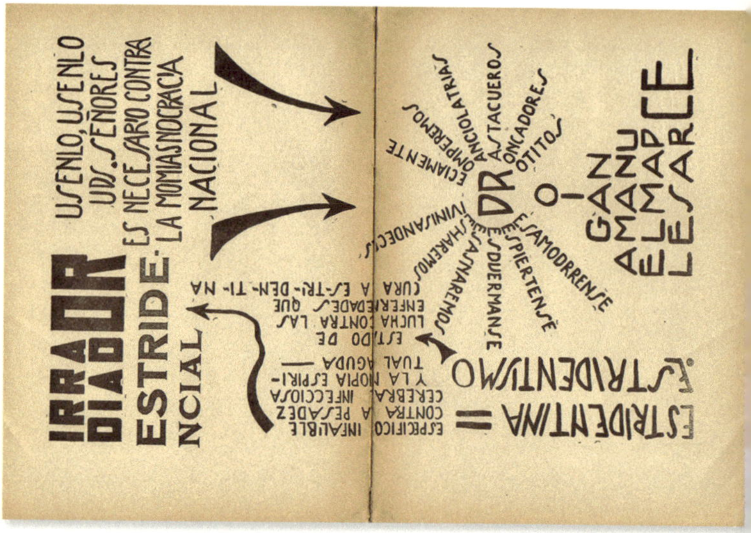

Irradiador. Revista de vanguardia, México, núm. 1, septiembre, 1923. Portada, páginas 2-3, 7 y 10-11.
Irradiador. Revista de vanguardia, *Mexico City, no. 1, September, 1923. Cover, pages 2-3, 7, and 10-11.*

histórica que tenía que actuar contra mi propia voluntad y de hecho actuó claramente, no sólo sobre mí, sino sobre todos los pintores que iniciaron el movimiento muralista mexicano".[21]

Para ofrecer una alternativa a estas "desviaciones", agrega Tibol, Rivera y Vasconcelos dirigieron su atención a unos jóvenes que

> ... habían comenzado a avanzar hacia la experiencia de vanguardia del grupo de los estridentistas. Entre esos jóvenes seleccionó Rivera a sus primeros ayudantes. También Vasconcelos se fijó en ellos y les tuvo confianza como para encargarles la decoración de otras paredes en la Preparatoria. Ellos fueron Fernando Leal, Fermín Revueltas, Ramón Alva de la Canal y Jean Charlot: grande fue la diferencia de temas y estilos respecto a Rivera. Historia mexicana y prácticas religiosas populares en vez de filosofía simbolizada: *La fiesta del Señor de Chalma, Alegoría de la Virgen de Guadalupe, El desembarco de la Cruz, Masacre en el Templo Mayor*. Mexicanidad, indigenismo, personajes y ceremonias populares, así como las epopeyas históricas pintadas por los jóvenes despertaron en Rivera serias consideraciones autocríticas y revisionistas [...].[22]

Charlot daba inicio el 2 de octubre de ese mismo 1922 a un fresco (primero realizado en México desde

21
Diego Rivera, *Relatado a Juan O'Gorman. Disertación sobre la técnica de la encáustica y del fresco,* Cuadernos de Artes de México 3, febrero de 1954, p. 7, citado por Juan Coronel Rivera, "Diego Rivera: la génesis", en *Diego Rivera,* p. 100.

22
Diego Rivera, p. 82.

23
Sobre la influencia del mural de Charlot en Diego Rivera primero, y el conjunto del muralismo mexicano después, he adelantado algo en *Ciudades y ruinas,* p. 31.

24
Víctor Jiménez, "El códice de piedra", *20/10. Memoria de las Revoluciones en México,* núm. 8, verano de 2010, pp. 106-127.

25
Irradiador. Revista de vanguardia. Edición facsimilar. Presentación de Evodio Escalante y Serge Fauchereau. Colección Espejos de la Memoria, México, Universidad Autónoma Metropolitana Iztapalapa, 2012; en adelante, *Irradiador.*

26
Manuel Maples Arce, "Presentación", en *Jean Charlot, estridentista silencioso,* México, Editorial El Café de Nadie, 1981, p. IV, citado por Milena Koprivitza, "Jean Charlot en el trato con sus contemporáneos", *México en la obra de Jean Charlot,* México, UNAM/CONACULTA/Departamento del Distrito Federal, 1994, p. 86; en adelante, *México en la obra de Jean Charlot.*

la Colonia, como escribió en un ángulo del mismo) con el tema de La Masacre del Templo Mayor. Era también la primera vez que aparecía la historia de México en un mural. Diego Rivera tomó nota y a partir de esta iniciativa de Charlot realizará su vasta producción mural con la técnica del fresco (excepción hecha de los mosaicos de su última etapa), adoptando asimismo la historia nacional como su contenido fundamental, sin abandonar del todo la alegoría y la simbolización, aunque siempre tomando partido, como Charlot –y en su propio terreno Charnay– por los mexicanos, los nativos especialmente, resistiendo a las invasiones y los abusos de propios y extraños.[23] Este punto de vista era, por cierto, totalmente opuesto al de Vasconcelos. Para el O'Gorman muralista tampoco habría duda: al igual que Rivera siempre se pondrá del lado de la Independencia de México y la Revolución, como en su ciclo de frescos del Castillo de Chapultepec (*Retablo de la Independencia* y *Retablo de la Revolución mexicana*), pero también en el fresco *Historia de Michoacán*, en Pátzcuaro, donde aparece ya el período colonial, y asimismo en su mosaico de la Biblioteca de la Ciudad Universitaria, menos analizado bajo este aspecto quizá porque aquí el discurso pictórico es menos narrativo y más simbólico, como he podido mostrar en un estudio dedicado a este mural pétreo: "El códice de piedra".[24] No sólo las imágenes, sino las declaraciones del propio O'Gorman vertidas en una entrevista ahí citada son elocuentes sobre esto.

Diego Rivera y Charlot colaborarán a principios de 1923 en el primer número de la revista estridentista *Irradiador*,[25] máxima expresión en esos años, pese a sus cortas páginas, de la vanguardia mexicana en la literatura y las artes plásticas. En ese número Charlot publica dos grabados en madera de tema indígena: un campesino carga un huacal con guajolotes y una campesina hace lo propio con su hijo: sí, la obra de un francés en una publicación de vanguardia e intención cosmopolita... Manuel Maples Arce, fundador y director de la revista, escribió, para explicar la aparente paradoja de haber coincidido en éste y otros proyectos con un europeo interesado en el indigenismo, siendo él un mexicano viendo hacia Europa: "No sé qué extraño destino empujaba nuestras vidas; Charlot vino a México en busca de hondas tradiciones, y yo, con mi frivolidad juvenil, me iba al París de la moda y la modernidad".[26] Las planchas de Charlot podrían ser el antecedente de muchas imágenes de Rivera y O'Gorman, entre otros pintores. Hay en ese número, además, un poema-manifiesto tipográfico-plástico, "Irradiador estridencial", en el que destacan las siglas DR, de Diego Rivera, quien aportará igualmente la imagen de la portada del número 2 de la revista:

una versión monocromática (grabado invertido) del fresco *Entrada a la mina* que hará ese mismo 1923 en la Secretaría de Educación Pública. Esta peculiar convivencia entre nacionalismo indigenista (y revolucionario) y el vanguardismo cosmopolita ya la había advertido Obregón Santacilia, testigo y actor de las discusiones y realizaciones arquitectónicas más importantes de la década de 1920. No es difícil encontrar en las páginas de *Irradiador* esa hibridación a cada paso: Evodio Escalante cree ubicar en los textos de Ricardo Gómez Robelo sobre las pirámides egipcias y mexicanas, aparecidos en los dos primeros números, una huella de Vasconcelos,[27] algo difícil de sostener por la antipatía del oaxaqueño hacia el México antiguo. Dice el oaxaqueño sobre su viaje a Chichén Itzá: "todo es uniformemente bárbaro, cruel y grotesco; ningún sentido de belleza [...], sólo el asombro de los tanteos y aberraciones del alma humana", aunque en el Caracol, agrega, "surge una sospecha de que hubo allí pensamiento",[28] si bien "el mismo medio físico resulta insuficiente para crear una civilización digna de ese nombre. Una sensación de fracaso domina al visitante y se piensa con alivio y con orgullo en Mérida y Valladolid, las ciudades creadas por los españoles, modestísimas dentro de la gloria que fue la Colonia".[29]

Pero es significativo, como dice Escalante, que los textos de Gómez Robelo entronquen "dentro del redescubrimiento de la arqueología nacional que se emprende por esos años",[30] si bien debemos esperar hasta el secretario interino Bernardo Gastélum (2 de julio-30 de noviembre de 1924), quien reemplazó a Vasconcelos, y José Manuel Puig Casauranc, secretario de Educación de 1924 a 1928, con Plutarco Elías Calles, para que en el invierno de 1924 se inicien en Chichén Itzá las exploraciones de Sylvanus G. Morley patrocinadas por la Carnegie Institution, que se extenderán a lo largo de unos tres lustros de manera intermitente. No es casual que Jean Charlot trabaje en Chichén con Morley, como dibujante, de 1926 a 1928,[31] ni que Federico Mariscal viaje en 1926 a Yucatán y Campeche (de donde era originario Puig) para realizar los primeros levantamientos de la arquitectura maya.[32] Evidentemente no fue accidental que en 1932 Federico Mariscal, como autor del proyecto de conclusión del ya rebautizado como Palacio de Bellas Artes, incluya en la decoración del mismo mascarones de acero brillante del dios Chac, así como soportes de bronce en forma de cactos y agaves en relieve, todo en una versión *art déco* que tampoco falta en la gráfica de *Irradiador*.

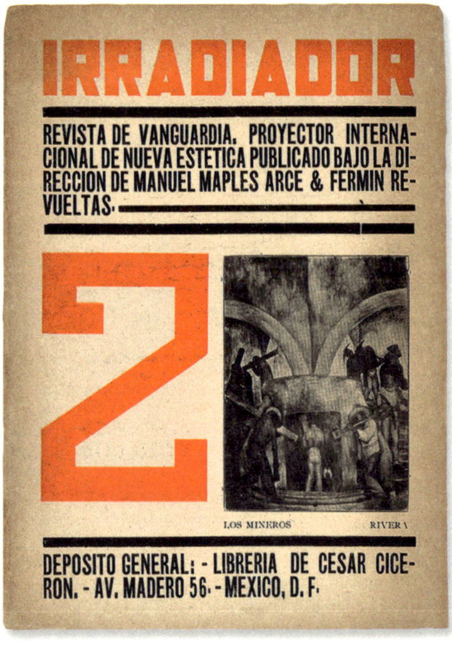

Irradiador. Revista de vanguardia, México, núm. 2, octubre, 1923. Portada.
Irradiador. Revista de vanguardia, *Mexico City, no. 2, October, 1923. Cover.*

NACIONALISMO COSMOPOLITA

Juan O'Gorman había incorporado a su proyecto de la casa de Palmas 81, en 1929, las cercas de cactos usuales en los pueblos mexicanos, así como agaves en la jardinería. Por lo demás, y como arquitecto de su tiempo que era, O'Gorman se opuso abierta y polémicamente a la arquitectura neocolonial impulsada por José Vasconcelos como parte de su antiindigenismo y criollismo, que encontró seguidores en las autoridades de la capital de la República al disponer éstas que todas las fachadas en el primer cuadro fuesen neocoloniales: nuevas o existentes (rehaciendo éstas). O'Gorman vinculaba tal decisión a la Inquisición y argumentaba que "la vida del México moderno ya no tiene, por fortuna, ninguna de las características de la Colonia española".[33] O'Gorman, a diferencia de algunos estridentistas, o de un Federico Mariscal, no se acercó ni un

Irradiador. Revista de vanguardia, México, núm. 3, noviembre, 1923. Página 7.
Irradiador. Revista de vanguardia, *Mexico City, no. 3, November, 1923. Page 7.*

27
Evodio Escalante, "El descubrimiento de *Irradiador*. Nueva luz sobre el estridentismo", *Irradiador*, p. 30.

28
José Vasconcelos, *El desastre*, México, Trillas, 2000, p. 131; en adelante, *El desastre*.

29
El desastre, p. 132.

30
Irradiador, p. 30.

31
Donald McVicker, "El pintor convertido en arqueólogo: Jean Charlot en Chichén Itzá", *México en la obra de Jean Charlot*, pp. 58-72.

32
Federico Mariscal, *Estudio arquitectónico de las ruinas mayas. Yucatán y Campeche*, México, Secretaría de Educación Pública, 1928.

33
Juan O'Gorman, "El Departamento Central, inquisidor de la nueva arquitectura", artículo contra el regente del Distrito Federal Cosme Hinojosa (1935-1938), quien dispuso que sólo se construyeran edificios neocoloniales en el centro de la ciudad de México. Recogido en Ida Rodríguez Prampolini, *Juan O'Gorman, arquitecto y pintor*, México, UNAM, 1982, pp. 79-80.

34
Serge Fauchereau, "*Irradiador* en el espíritu de la época", *Irradiador*, p. 56. Esta afirmación de Fauchereau contrasta con las vacilaciones que muestra, sobre el mismo punto, el catálogo de la exposición –y ésta misma– *Vanguardia en México, 1915-1940*, Museo Nacional de Arte, 2013. Más que partir de la realidad del caso mexicano, los curadores y autores de los textos parecen empeñarse, como sociólogos positivistas, en crear oposiciones del tipo *campo* versus *ciudad*, *nacionalismo* versus *cosmopolitismo*, *pintura narrativa* versus *pintura abstracta* y otras parejas de opuestos que a los vanguardistas mexicanos –entre ellos O'Gorman– no parecían interesar demasiado. Esta exposición –y su catálogo– podrían perseguir una idea del cosmopolitismo más cercana a la del Porfiriato, dependiente de los modelos del exterior y cuya idea de vanguardia parece reducirse a la idea de que lo nacional representa el atraso: una "vanguardia" que no innova gran cosa... La revista *Dyn* (1942-1946), fundada en México por Wolfgang Paalen, Alice Rahon y otros, verdaderamente cosmopolita, no tardó en incorporar el arte autóctono de las Américas a sus activos y terminó por ser la matriz del expresionismo abstracto. Retomo esto adelante.

milímetro al *art déco*, pese a que sus casas para Diego y Frida son contemporáneas de la etapa de terminación del Palacio de Bellas Artes. Ya hacia 1930 el llamado *art déco* no era bien considerado en los círculos de los arquitectos que aspirasen a ser tomados en serio.

Sin relacionar el vanguardismo de *Irradiador* a las circunstancias políticas mexicanas –la Revolución, para decirlo sintéticamente–, que tenían muy presentes Obregón Santacilia y O'Gorman, el francés Serge Fauchereau comenta en estos términos un grabado de Leopoldo Méndez en el último número de la revista:

> Comparado con los demás artistas de *Irradiador*, se ubica entre la radicalidad estridentista de Revueltas o de Alva y el indigenismo de las xilografías de Charlot. Sabido es que Méndez habrá de inclinarse hacia esa segunda opción con gran talento. El indigenismo que se desarrollará en América Latina (pienso, por ejemplo, en J. M. Mariátegui y la revista peruana *Amauta*) no resulta incompatible con el arte más innovador.[34]

Es rigurosamente cierto, pero ya que Fauchereau cita a un escritor peruano, podemos recordar que el caso mexicano puede ilustrarse igualmente a través de las palabras de José María Arguedas, otro peruano, escritas en 1960. Las líneas de Arguedas van dedicadas a la obra de Juan Rulfo y parecen confirmar lo que

Obregón Santacilia había atestiguado en su juventud como un proceso incipiente, pero que Arguedas observa como algo cumplido:

> Estos relatos aparecen cuando México ha alcanzado prestigio universal en las artes. Se nota la profunda raíz que los sustenta. El hombre hace la literatura y después la literatura contribuye a modelar al hombre. Las artes forman la médula de un país, rigen al ser humano; su propia libertad, la más alta y absoluta que es posible, y los frutos de ella, llevan el sello de lo antiguo, de la obra de los predecesores, cuando éstos han existido.[35]

Arguedas añade una reflexión complementaria: "El hálito de la historia antigua mexicana, aparentemente, inspira más o tiene más fuerza en la vida presente, en su misterio, que las formas y los contenidos llegados de España".[36] Sin embargo, y como Arguedas no parece dispuesto a someterse a los esquemas, se abstiene de afiliar a Rulfo al indigenismo luego de aludir al caso peruano: "Y todas esas formas no son iguales a las nuestras. El mestizo tiene allá el comando de las cosas".[37] Retoma el tema de lo local, tanto en los cuentos de Rulfo como en *Pedro Páramo*, sólo para anticipar un giro importante en su razonamiento: "Son únicamente 154 páginas las de esta novela, y *El Llano en llamas* tiene aún menos, 143. Pero creo que nada del ingente mundo mexicano de los pueblos ha dejado de ser interpretado en estos dos breves libros".[38] El *tour de force* que dará Arguedas en su texto concierne a la universalidad que habrá de alcanzar la obra de Rulfo: la de éste era ya, para él,

> ... una literatura que influirá sin duda sobre los países europeos en los que ha empezado a difundirse y de los que hasta hace poco siempre estuvimos copiando. Ahora nosotros quizá empecemos a darles modelos a ellos. Porque en Rulfo se levanta un poderoso mundo, equivalente al que construyeron Orozco y Tamayo, aunque el material mexicano es más patente en Rulfo, más explícito, que es la ventaja y la desventaja de la literatura sobre las artes plásticas.[39]

Susan Sontag confirmaría esto en 1994, 34 años más tarde: "La novela de Rulfo no es sólo una de las obras maestras de la literatura universal del siglo XX, sino uno de los libros más influyentes del siglo".[40]

35
José María Arguedas, "Reflexiones peruanas sobre un narrador mexicano", originalmente en *El Comercio*, Lima, 8 de mayo de 1960, recogido en Víctor Jiménez, Julio Moguel, Jorge Zepeda, *Juan Rulfo, otras miradas*, Fundación Juan Rulfo/Juan Pablos Editor/Gobierno del Estado de Michoacán/Ayuntamiento de Morelia, p. 77; en adelante, *Otras miradas*.

36
Otras miradas, p. 81.

37
Otras miradas, p. 81.

38
Otras miradas, p. 81.

39
Otras miradas, p. 82.

40
Susan Sontag, *Prólogo a Pedro Páramo*, citado en *Otras miradas*, p. 117.

41
Paul Valéry, "América, proyección del espíritu europeo", *Miradas al mundo actual*. Traducción de José Bianco. Buenos Aires, Losada, 1954, pp. 91-92.

42
Dawn Ades: "Paalen's essays and paintings in *Dyn* [...] seem to provide the 'missing link' between surrealism and abstract expressionism", en "Dyn, an Introduction", en Annette Leddy and Donna Conwell, *Farewell to Surrealism. The Dyn Circle in Mexico*, London-Los Angeles, Tate Publishing in association with The Getty Research Institute, 2012, p. 3; en adelante, "Dyn".

43
"Dyn", p. 6.

44
Pierre Bourdieu, *Las reglas del arte*. Traducción de Thomas Kauf. Barcelona, Anagrama, 1995, p. 369, nota.

45
Erwin Panofsky, *Gothic Architecture and Scholasticism*, New York, Meridian Books, 1957.

46
Robert Klein, *La forma y lo inteligible*. Traducción de Inés Ortega Klein. Madrid, Taurus, 1980, p. 416.

47
Pierre Bourdieu, "Economía de los bienes simbólicos", en *Razones prácticas*. Traducción de Thomas Kauf. Barcelona, Anagrama, Colección Argumentos, 1997; *La distinción, criterio y bases sociales del gusto*. Traducción de María del Carmen Ruiz de Elvira. Madrid, Taurus Humanidades, 1991, p. 478. El énfasis es suyo.

48
Víctor Jiménez, "Juan O'Gorman sobre sí mismo" y "Cronología de la vida y obra de Juan O'Gorman", en Juan O'Gorman, *Autobiografía*, México, UNAM/DGE Equilibrista, 2007; en adelante, *Autobiografía*.

49
Autobiografía, p. 48.

50
El hombre, p. 235.

Sea en el campo de las artes visuales o en la literatura, a lo largo del período de 1920 a 1960 México pudo conciliar los aparentes opuestos de lo local y lo universal de manera singularmente exitosa. Y no fueron sólo los mexicanos, primero, y un peruano, después, quienes advirtieron la fecundidad de esta síntesis para nuestro propio arte y el de las antiguas metrópolis. Paul Valéry escribía en 1938, en los mismos años del debate cultural mexicano, casi lo mismo: "no me sorprendería que combinaciones muy felices puedan resultar de la acción de nuestras ideas estéticas insertándose en la poderosa naturaleza del arte autóctono mexicano".[41] No Vasconcelos, pero sí Charlot, Obregón Santacilia, Rivera y O'Gorman estarían de acuerdo con el autor de *El cementerio marino*. Ahora bien, en 1939 llegaban a México Wolfgang Paalen y Alice Rahon, quienes, en compañía de una nutrida lista de colaboradores, editarán en la capital la revista *Dyn*, que de 1942 a 1944 propone una alternativa al surrealismo y abre el camino al expresionismo abstracto.[42] Sintomáticamente, al mismo tiempo publica artículos sobre códices recientemente descubiertos a cargo de tan eminente autoridad en este campo como fue Alfonso Caso, o sobre Tlatilco por Miguel Covarrubias, textos ambos de la mayor exigencia académica. Covarrubias abordaba en su texto también los debates sostenidos en 1942, en Tuxtla Gutiérrez, Chiapas, sobre la gran antigüedad de la cultura olmeca.[43]

No hay aquí simplemente coincidencias. Pierre Bourdieu recurre en estos casos a la noción de *habitus*, utilizada previamente por Robert Klein, a quien cita.[44] Bourdieu desarrolló su propia interpretación a partir de Erwin Panofsky y su *Gothic Architecture and Scholasticism*,[45] de 1951 (obra traducida por él), quien se propuso encontrar lo que tuviesen en común la arquitectura de las catedrales francesas del siglo XIII (en particular aquellas levantadas bajo la influencia del abate Suger) y el pensamiento escolástico de Tomás de Aquino. El *habitus* fue definido por Robert Klein como aquello "que permite reconocer lo que ya he conocido una vez (incluso si, mejor informado, lo reconozco 'como' otra cosa)".[46] Klein se ocupa de la experiencia individual que permite ese "reconocimiento" de lo mismo (la filosofía) en otra cosa (la arquitectura, para seguir con Panofsky), integrando un "horizonte de posibilidades" –la expresión es suya– que permite la continuidad del propio yo. Bourdieu traslada esta noción al cuerpo social, que requiere y utiliza esquemas "constituidos en el curso de la historia colectiva, [que] son adquiridos en el curso de la historia individual, y funcionan *en la práctica y para la práctica*".[47]

En el contexto de un análisis de esta clase no es muy diferente lo que podría decirse de Juan O'Gorman, tan entregado como su hermano Edmundo a la historia de México –ahí está su pintura mural– y, desde su juventud, abierto al arte contemporáneo universal (no sólo Le Corbusier, sino Frank Lloyd Wright, Antonio Gaudí y el *facteur* Cheval). Es lógico, y no producto del azar, que constatemos hoy la amplia repercusión de su obra tanto en nuestro país como fuera del mismo (la presencia de Toyo Ito en este libro no es un azar). El interesado en seguir el curso de la recepción nacional e internacional de su obra puede consultar los estudios que preceden a la edición más reciente de la *Autobiografía* de Juan O'Gorman.[48]

JUAN O'GORMAN, VANGUARDIA A LA MANERA MEXICANA

Lo escrito por Carlos Obregón Santacilia en 1950 puede aplicarse a su propia obra, pero quizá, si agregamos la nota del radicalismo, pareciese dedicado más bien a Juan O'Gorman. Éste, en su *Autobiografía*, no deja lugar a dudas sobre su apego a México tanto por su familia materna (con la heroína insurgente Leona Vicario entre sus ancestros) como por su relación con Rivera. Así es como habla de su abuela materna Angelita: "creo que el amor y la devoción que me tuvo influyeron [...] para que yo sintiera ese amor por México, también patria de mi abuela materna. Fue, para mí, la personificación característica de lo que se llama el amor a la patria, representada por la patria mexicana".[49] Tuvo, por el contrario, una mala relación con su padre, quien se sentía británico, aunque Juan tuvo gracias a él una formación completa dentro de la lengua inglesa. Pero además, como recogió Enrique del Moral, "la vida en casa de los O'Gorman se desarrollaba dentro de un ambiente artístico-cultural refinado, debido a que las inclinaciones de los miembros de la familia la facilitaban y las recepciones, los domingos por la tarde, reunían a personas siempre interesantes".[50] Cecil O'Gorman

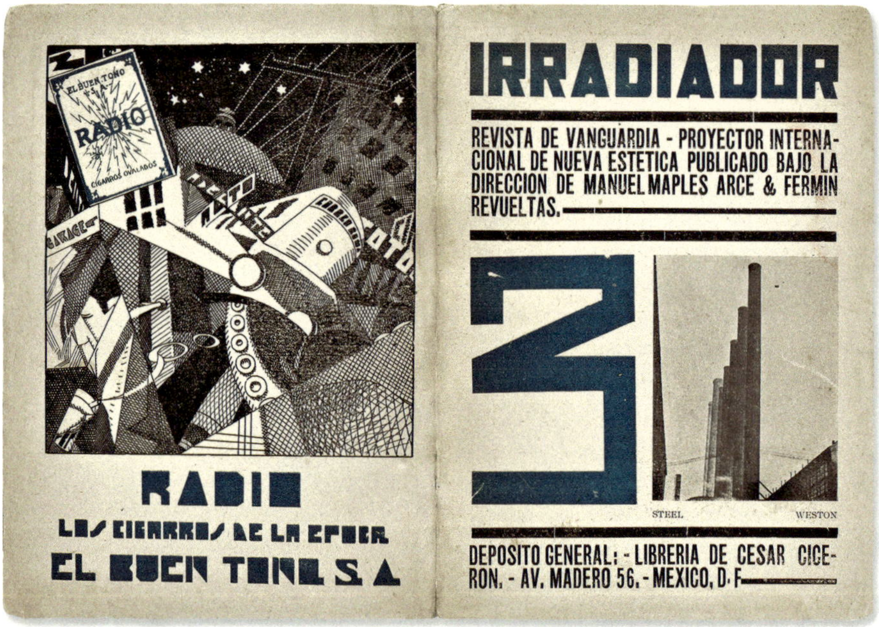

Irradiador. Revista de vanguardia, México, núm. 3, noviembre, 1923. Portada y contraportada.
Irradiador. Revista de vanguardia, *Mexico City, no. 3, November, 1923. Front and back covers.*

coleccionaba antigüedades coloniales en su vieja casa de San Ángel y también practicaba la pintura. Así, dice Del Moral,

> ... cuando entramos a la entonces Academia de San Carlos para estudiar arquitectura, era Juan un atleta extrovertido que ya llevaba algún tiempo practicando la pintura al amparo de las enseñanzas y ejemplo de su padre, mostrando resultados muy halagüeños que permitían prever su futuro éxito en este arte. De la misma manera, en la Escuela de Arquitectura, desde un principio, se hizo evidente su clara disposición para esta disciplina, ocupando siempre los primeros lugares y honores en las materias denominadas de composición, tanto arquitectónica como decorativa y, por supuesto, en todas las relacionadas con el dibujo. Debiendo hacer notar que ya entonces se vio con claridad que una fuerte personalidad distinguía a todo su hacer.[51]

Es seguro que el temprano entrenamiento en la pintura había proporcionado a Juan O'Gorman una significativa ventaja en su desempeño no sólo en ésta, sino también en el campo de la arquitectura. Y a pesar de su distancia frente a Cecil, Juan hace su primera casa funcionalista, la de Palmas 81, pensando en él, ya que fue concebida como "una de renta para su padre"[52] (es decir, para darle un ingreso), según el mismo Del Moral, quien tenía buenas razones para saberlo. Era evidente para todos, por lo demás, que el rechazo de Juan hacia su padre se compensaba con la estrecha relación que establecerá con Diego Rivera: Edmundo llegó a decir que "Diego había sido el verdadero 'padre' de su hermano Juan".[53]

Es en el peculiar contexto del México de la década de 1920, sin olvidar el círculo más inmediato de sus relaciones familiares y profesionales, donde O'Gorman encuentra indispensable realizar una construcción que mostrase físicamente las ideas que llevaba en la cabeza. Así, dice:

> ... logré comprar un terreno en San Ángel para construir una casa. Esto es lo que deseaba hacer, más que otra cosa en mi vida. Quería realizar el ejemplo de una casa funcional, ajustándome al principio del máximo de eficiencia por el mínimo de esfuerzo. Tenía la necesidad urgente de hacer una casa que fuera ingeniería más que arquitectura, o bien una arquitectura que, como decía Le Corbusier, fuera una máquina para habitar. Y así lo hice.[54]

Es en *Vers une architecture* donde se lee, en efecto, que "la casa es una máquina de habitar". El libro reunía una docena de artículos de Le Corbusier aparecidos en 1920-1921 en la revista *L'Esprit Nouveau*, de la que él mismo era cofundador. La publicación, aunque con una importante sección dedicada a la arquitectura, era, como tantas de la época, una ventana a las diversas vanguardias en pintura, literatura, cine, diseño, etc., surgidas luego de la primera posguerra. Es una referencia más a tener en cuenta al hablar de la mexicana *Irradiador* (sus tres números aparecen en 1923). Llama la atención el entusiasmo que la radio levantaba en la revista mexicana, cuyo antecedente sería el libro de 1922 *Andamios interiores. Poemas radiográficos* del fundador de *Irradiador* y líder estridentista Manuel Maples Arce. El mismo nombre de la revista no sería ajeno a la fascinación por la comunicación radial. En la contraportada del número 3 de *Irradiador* aparece un anuncio de los cigarros Radio, de El Buen Tono, cuya cajetilla se adorna con líneas en zigzag que aluden a la transmisión radiofónica. No es casual, ya que el 15 de septiembre de ese 1923 había iniciado sus transmisiones la estación El Buen Tono, considerada la más antigua de México (aunque hubo antes transmisiones ocasionales y experimentales). El furor por la técnica se extendía, en *Irradiador*, a la electricidad (presente de manera repetida en los textos y los anuncios). La electricidad, aunque hoy no lo recordemos, no era ajena al mundo literario y la política. Marcel Proust contó a Céleste Albaret que "un día se me metió en la cabeza organizar en casa una gran cena, pero con el capricho de que la mesa pareciese un parterre de flores eléctricas, cada invitado con la suya enfrente. Sólo que en aquel tiempo no había electricidad en las casas, Céleste. Y mamá mandó montar toda una instalación, con acumuladores o un generador en el centro del inmueble. Si usted lo hubiera visto... ¡Era maravilloso!".[55] (La madre de Proust murió en 1905.) En el otro terreno, el de la política, Lenin había proclamado en noviembre de 1920 que "el socialismo son los soviets más la electricidad". Eso no lo ignoraba nadie en el mundo de entonces, porque la electrificación era la base de la industria, frecuentemente representada por las chimeneas fabriles, como en la foto de Edward Weston que aparece en la portada del mismo número 3 de *Irradiador*.

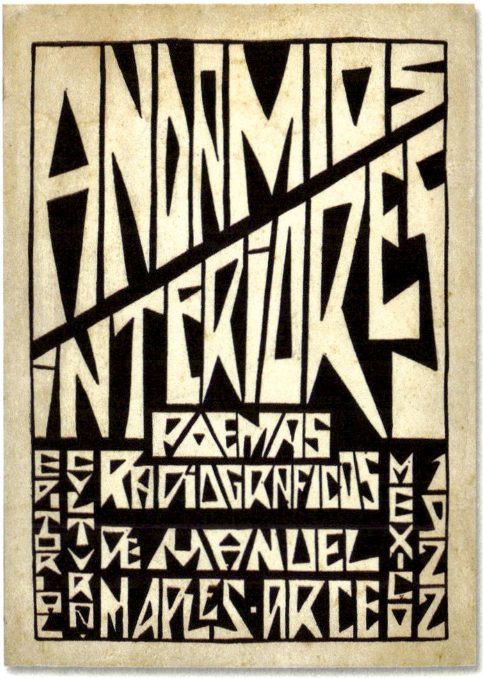

Manuel Maples Arce, *Andamios interiores. Poemas radiográficos*, México, Editorial Cultura, 1922. Cubierta.
Manuel Maples Arce, Andamios interiores. Poemas radiográficos. *Mexico City, Editorial Cultura, 1922. Cover.*

51
El hombre, pp. 235-236.

52
El hombre, p. 236.

53
Autobiografía, p. 14.

54
Autobiografía, p. 83.

55
Céleste Albaret, *Monsieur Proust. Souvenirs recueillis par Georges Belmont*, París, Robert Laffont, 1973, p. 172. Mi traducción.

En la revista y el libro de Le Corbusier abundan las imágenes de barcos, aviones y automóviles, expresiones de una modernidad que se desea metálica, mecánica y dominada por la velocidad: la arquitectura de Le Corbusier ahí reproducida incluye escaleras ligeras de hierro que podrían encontrarse en un transatlántico o utilizarse para subir a un avión.

No es extraño así, en el horizonte de la época, que las antenas de radio tengan una presencia muy notoria tanto en la casa de Palmas 81 como en el taller de Diego, y que en todas estas casas los cableados eléctricos y los focos estén siempre a la vista, así como delgados tubos de agua, gruesos tiros metálicos de chimeneas, ductos igualmente tubulares para el desalojo de las aguas pluviales y de la basura (así como los depósitos metálicos para ésta), sin olvidar los pasamanos y barandales tubulares de apariencia fabril o náutica que sirven como protección en escaleras y azoteas visitables. Todas las ventanas son metálicas, así como las puertas, que se complementan con cemento laminado. Todo el hierro está pintado de rojo, color del recubrimiento anticorrosivo. En la casa de Palmas 81 llaman la atención los mecanismos de las ventanas de la cocina y los baños, artilugios metálicos que con ayuda de cordones permiten abrir y cerrar las ventilas ubicadas a una altura inalcanzable de manera directa. Los tinacos metálicos, muy notorios por su posición y color, cumplen un papel semejante: mostrar lo que la tecnología aporta a la nueva "máquina de habitar". El texto inicial del primer número de *Irradiador* decía: "La ciudad está llena de instalaciones, de dinamos, de engranajes y de cables. [...] La ciudad toda chisporrotea polarizada en las antenas radiotelefónicas de una estación inverosímil". La fascinación de las vanguardias por la ciudad moderna ha sido ampliamente señalada (es, de hecho, un lugar común), pero no se ha intentado pasar de la mera imagen urbana a la arquitectura propiamente dicha como inspiración de la vanguardia o bajo la influencia de ésta, y si acaso se alude a la arquitectura del *art déco*, completamente ajena a la vanguardia de esos años.

No sugiero aquí una influencia previa de la arquitectura contemporánea en las vanguardias mexicanas propias de la literatura y cierta plástica, o de estas manifestaciones en funcionalistas como O'Gorman, pero sí apunto hacia el "horizonte de posibilidades" de Robert Klein, que permite reconocer "lo mismo" en "lo otro". El inquieto joven autor de la casa de Palmas 81 –y las que hará poco después– tenía claro su objetivo, pero lo peculiar de su caso es, como lo vio también Del Moral, "que la obra arquitectónica de O'Gorman durante ese período muestra el punto extremo al que llegó el funcionalismo en México; más aún, creo que estas realizaciones tan radicales de esa postura no pueden encontrarse en ningún otro país".[56]

UN TESTIMONIO EXCEPCIONAL: JUAN O'GORMAN SOBRE SU CASA DE 1929

De pocas obras de la arquitectura mexicana de cualquier época (excepto los años muy recientes) contamos con un testimonio directo de su creador, menos aún si en éste expone tanto sus intenciones al concebirla como el resultado obtenido y la recepción de esa obra que alcanzó a recoger. O'Gorman habla extensamente de su casa de 1929 en su *Autobiografía*, dictada en 1970 y publicada en 1973 por Antonio Luna Arroyo. En la parte correspondiente a sus inicios profesionales narra la forma en que adquirió dos canchas de tenis frente al hotel (hoy restaurant) San Ángel Inn con los ingresos recibidos por un proyecto que les pasó Carlos Obregón Santacilia a él, Marcial Gutiérrez Camarena y Enrique del Moral. A continuación entra en materia:

> El terreno que hacía esquina se lo vendí al maestro Diego Rivera para construir allí su estudio y casa habitación. En el segundo terreno, que ahora tiene el número 81 de la calle Las Palmas, construí la primera casa funcional en México.
>
> La casa que construí causó sensación porque jamás se había visto en México una construcción en la que la forma fuera completamente derivada de la función utilitaria. Las instalaciones, tanto la eléctrica como la sanitaria, estaban aparentes. Las losas de cemento sin enyesado. Sólo los muros de barro-block y de tabique estaban aplanados. Los tinacos eran visibles sobre la azotea. No había pretiles en la azotea y toda la construcción se hizo con el mínimo posible de trabajo y gastos de dinero.
>
> Aplicando el sistema de construcción de concreto armado en el edificio, su apariencia era extraña. En México no se había hecho una casa puramente funcional. El mínimo de gasto y esfuerzo por el máximo de eficien-

cia había sido la base teórica para realizar esta casa de tres recámaras, dos baños, una estancia, cocina, cuarto de criados con baño, garage y terraza cubierta en la planta baja, y por último, una escalera helicoidal volada que daba acceso a un estudio en la planta alta.

Logré aplicar lo que el maestro [José Antonio] Cuevas consideraba una obra de ingeniería correcta, y la teoría que el maestro [Guillermo] Zárraga me había enseñado: esto es, ser lo más fiel posible a la necesidad humana de albergue, aplicar los sistemas de construcción modernos a la arquitectura y aprovechar las condiciones climáticas del lugar donde se construye, mediante la orientación correcta de la casa. [...]

Dicha casa no fue un simple capricho de carácter artístico, ni una construcción en función de una teoría abstracta, sino que en realidad aplicáronsele los principios de la arquitectura funcional, que después fueron la base para las construcciones escolares que hice en el Distrito Federal y que influyeron en la arquitectura que en México se hizo posteriormente.

Construí la casa en el año 1929 y tuvo influencia en México. El contraste entre su apariencia y la arquitectura que se hacía entonces era notable. Ubicada frente a un edificio colonial, la Hacienda de Goicoechea, que ahora es el Restaurante San Ángel Inn, fue motivo de que muchas personas al pasar por enfrente voltearan la cara para no ver ese "horror" construido frente al San Ángel Inn por un individuo a quien "le deberían quitar el título, para que no siga haciendo casas horribles como esa".

La tan discutida casa la construí para que la familia de mi padre allí residiera, pero mi padre y mi madre, que vivían en la calle del Santísimo número 6 (la misma casa vieja que mi padre compró durante la Revolución), no quisieron mudarse de su casa antigua. [...]

Por lo tanto la casa se rentó en cien pesos mensuales, cantidad que le entregaba a mi padre para pagarle así mi educación. Claro está que le sirvió mucho porque era muy pobre. [...]

En esta misma casa funcional que construí (calle de Las Palmas número 81) vivió mi hermano Tomás a raíz de su matrimonio. También a él le sirvió porque

Collage de la época, con dos fotos cortadas y unidas.
Period collage of two photographs cut out and joined together.

56
El hombre, p. 237.

mi padre se la rentó muy barata. Apenas principiaba a ganarse la vida como notario (de 1942 a 1944).[57]

Aunque O'Gorman dice que la pequeña casa fue pensada para ser habitada por sus padres esto no era así del todo. Lo cierto es que el cliente original era el propio Juan O'Gorman, quien financió tanto la compra del terreno como la edificación. La gran casona colonial de su padre, muy del gusto de Cecil como amante de las antigüedades coloniales, estaba a unas pocas cuadras y no cabe imaginarlo mudándose a la que había concebido su hijo. Ya hemos visto cómo Del Moral, conocedor de la familia O'Gorman, se refiere a esta casa como pensada "para renta". La razón más probable tras esta iniciativa está en lo que el mismo O'Gorman dice sobre "lo que deseaba hacer, más que otra cosa en mi vida": "la necesidad urgente de hacer una casa que fuera ingeniería más que arquitectura".

Pero había otro motivo más, no incompatible con el declarado: llevar a verla a un importante personaje y cliente potencial que le permitiría avanzar, si recibía el encargo que deseaba, en su carrera como autor de un tipo enteramente nuevo de arquitectura. Los planos originales de O'Gorman que se conservan muestran un proyecto verdaderamente escueto, con algunas características nada usuales en 1929: una escalera exterior en voladizo cuya mera propuesta exigía audacia, ya que no había tanta experiencia en el uso del concreto para resolver sin más el problema de su construcción. La reconstrucción de la misma que tuvimos que hacer en 2012-2013 nos permitió apreciar el reto –tanto en el control de la geometría como en la ejecución misma de la compleja pieza– que debió representar su ejecución para el joven de 24 años que la había proyectado. El otro rasgo notable de la obra está en el estudio de la planta alta, con sus tres fachadas exteriores formadas con ventanales de esquina a esquina y de piso a techo. Todo su volumen consiste, prácticamente, en cristal. Podría tratarse de la primera casa (no una fábrica, no un invernadero, no una oficina) hecha en cualquier parte con una habitación de estas características, más notorias aún al estar "flotando" sobre el suelo mediante tres esbeltos *pilotis*. Le Corbusier ya había hecho ventanales muy grandes en el estudio de Ozenfant, pero no llegan al piso y sólo son dos (más el techo translúcido), que no se tocan en el ángulo. O'Gorman une directamente las ventanas en las esquinas, con la estructura por completo tras las mismas, como había hecho Gropius en el edificio acristalado del Bauhaus en 1925-1926 (que no es una vivienda). Por último, en la casa de O'Gorman el ventanal mayor se pliega casi por entero en forma de biombo, abriendo el espacio del estudio totalmente hacia el exterior. Aunque no pudo saberlo O'Gorman al proyectar su casa, Mies van der Rohe proyectaba en 1928, para construirla en 1929-1930, la Villa Tugendhat en Brno, obra extremadamente lujosa y cara pese a su engañosa sobriedad formal. En la zona de estar tiene esta villa enormes ventanales de piso a techo y de esquina a esquina, con la estructura remetida e invisible por fuera, con la insólita peculiaridad de que, uno de cada dos, los descomunales cristales de la fachada más amplia pueden descender mediante un motor eléctrico, abriéndose casi por completo la sala y el comedor hacia el jardín, cuyo nivel se ubica en un nivel inferior. Con medios infinitamente más modestos (el pliegue del ventanal como un biombo de cristal) O'Gorman hace prácticamente lo mismo en el estudio de su casa de 1929. En cuanto al jardín, aparece ya en la casa de O'Gorman un rasgo que utilizará en casi todas las de su primera etapa: el terreno se limita con cercas de cactos.

O'Gorman retoma la casa de Palmas 81 cuando narra la visita que hizo a la misma Diego Rivera, y aquí tenemos un testimonio de gran valor sobre la recepción inmediata de la obra pionera de la arquitectura moderna en México:

> Recuerdo la ocasión en que tuve la audacia de pedirle que viera la casa que acababa de construir para que me diera su opinión. Tuvo la gentileza de ir a ver la casa en mi compañía, diciéndome que le gustaba mucho estéticamente. La opinión del maestro fue una sorpresa, puesto que la casa se había construido para ser útil y funcional. Diego Rivera, en ese momento, inventó la teoría de que la arquitectura realizada por el procedimiento estricto del funcionalismo más científico es también obra de arte. Y puesto que por el máximo de eficiencia y mínimo de costo se podían realizar con el mismo esfuerzo mayor número de construcciones, era de enorme importancia para la reconstrucción rápida de nuestro país y, por lo tanto (según el propio Rivera), le daba belleza al edificio. Inmediatamente me encomendó le construyera un estudio y una casa.[58]

A continuación alude al estado de la casa de Palmas 81 en la época en que dicta su *Autobiografía*, lo que importa aquí porque apunta ya a la necesaria restauración de la misma, finalmente realizada en 2012-2013: "La primera casa funcional que construí en San Ángel, que vio el maestro Rivera, ahora está totalmente cambiada porque los nuevos propietarios le han hecho obras que destruyeron su arquitectura original".[59] Agrega:

> Le mostré el terreno de la esquina de Las Palmas y Altavista, explicando que lo había comprado y se lo vendía por el mismo precio si me encargaba la construcción de su casa y estudio.
>
> Entonces me citó en su casa para arreglar todo lo relativo a la compra del terreno y a la construcción de su estudio, aplicando los principios de la arquitectura funcional. Me encomendó, además, que le construyera, en el mismo terreno, una pequeña casa, en dos o tres pisos, a Frida, su esposa.[60]

Poco después regresa a este conjunto para Diego y Frida para destacar la importancia que tuvo en su carrera. Es aquí cuando podemos advertir con más certeza que la casa de Palmas 81 fue pensada para ser mostrada precisamente a Rivera. Que tuviese un estudio para un pintor (supuestamente Cecil, conjetura improbable porque el padre de O'Gorman sólo hacía obras de pequeño formato) no era un dato ajeno a este propósito: "Comencé a construir la casa de Diego Rivera en la esquina de la calle de Palmas y avenida Altavista en el año de 1931, cuando el maestro pintaba los grandes frescos en la escalera del Palacio Nacional. Tenía yo entonces veintiséis años de edad y esta obra fue muy importante en mi vida, porque con ella me di a conocer en todo México".[61]

Ciertos rasgos mencionados por O'Gorman sobre su primera casa no tenían precedentes: las losas de concreto sin enyesar y las instalaciones a la vista, por ejemplo, tardarían mucho en generalizarse en cualquier parte del mundo. La determinación de O'Gorman de renunciar a todo criterio previo de carácter estético fue identificada certeramente por Diego Rivera como la apertura, precisamente, de un nuevo capítulo en la estética de la arquitectura, acorde al momento y las circunstancias del México de entonces. La casa no sólo mostraba a un arquitecto actualizado sobre lo que se hacía en Europa, sino sensibilizado también en la nueva estética de la Revolución, que reivindicaba la creatividad popular e indígena en ciertas soluciones y hacía del costo mínimo una bandera legítima e, incluso, una condición *sine qua non* en las nuevas circunstancias del país. De la reivindicación nacionalista en la casa de Palmas 81 son testimonio no sólo los cactos, sino las terrazas del jardín resueltas con tecorrales de piedra, usuales en los pueblos, donde O'Gorman sembró agaves. También está el colorido, tanto exterior como exterior, con tonos fuertes o vivos tomados de la arquitectura campesina. La restauración de esta casa nos permitió ver que O'Gorman contaba realmente con muy pocos recursos económicos al hacerla, y esto contrasta con la situación algo más holgada de que disfrutó al hacer las de Diego y Frida, cuyo propietario contaba con medios para financiar una obra de mayor calidad en la ejecución, aunque tampoco hubiese aquí lujo alguno.

Los planos de la casa de Palmas 81 tienen un sello con el nombre de Marcial Gutiérrez Camarena y la firma de este compañero de estudios, amigo y reciente socio de O'Gorman, quien se responsabilizó de la obtención de la licencia de construcción, pues O'Gorman demoró en obtener su título profesional. Y en este sello aparece una fecha: "23 de diciembre de 1929". El proyecto se hizo durante el año mencionado y la obra debió ocupar todo el año de 1930 para concluirse en 1931: en el ángulo superior derecho del muro de la fachada sur aparece la firma "Juan O'Gorman / 1931", pintada a mano.

57
Autobiografía, pp. 85-87.

58
Autobiografía, pp. 89-90.

59
Autobiografía, p. 90.

60
Autobiografía, p. 90.

61
Autobiografía, p. 110.

Juan O'Gorman en el tapanco del estudio de Diego Rivera, *circa* 1932.
Juan O'Gorman in the mezzanine of Diego Rivera's studio, ca. 1932.

LA CASA DE PALMAS 81: DE 1931 A 2013

El proyecto puede describirse así: el terreno tiene 31 metros de profundidad y algo menos de 20 de frente. O'Gorman hace abstracción del talud necesario para salvar el desnivel con el predio vecino (donde estarán las casas de Diego y Frida) y centra la casa, de 8 metros de ancho, con la parte plana del terreno, dejando algo más de 4 metros a cada lado. La fachada principal se aleja 6.75 metros de la cerca de cactos que da a la calle. El largo de la casa, hacia el fondo, es de 11 metros, y todavía deja O'Gorman otros 6.75 metros para llegar, atrás, a las habitaciones de servicio. Tenemos entonces un rectángulo centrado en el terreno, aunque no de manera igual (por el talud) en relación con los linderos legales. La estructura tiene un módulo básico de 4 metros: al frente hay dos de éstos, limitados por tres apoyos aislados de 20 centímetros por lado. Es espacio de acceso, totalmente abierto en tres de sus lados, tiene otros cuatro metros de fondo, aunque un muro curvo invada parte del mismo, llamado en el plano de O'Gorman "jardín de sombra". Del lado sur de éste arranca la también llamada por él "escalera helicoidal", totalmente aérea y que se mostraba, y aún muestra, como el gran alarde geométrico y estructural de su joven arquitecto. En la parte superior la rampa curva llega a un extremo del ventanal sur de la planta alta, por lo que comunica de manera directa al estudio a través de una puerta incorporada a esta ventana.

La terraza cubierta de acceso anticipa las dimensiones y la solución del estudio de la planta alta, lo que se subraya con la escalera aérea. Pero hay otra manera de llegar arriba. Primero tenemos que traspasar la puerta principal de acceso, casi al centro y que conduce, ya en el interior, a tres puntos: el arranque de una escalera interna, el espacio de la estancia o un pequeño vestíbulo que lleva a la cocina y el comedor. Bajo el descanso de la escalera una estufa de hierro permitía calentar toda la casa, ya que su chimenea atraviesa ese descanso y cruza la pared para caldear igualmente, por irradiación, el estudio. El comedor es una extensión de la estancia y ambos se iluminan por un ventanal horizontal hacia el oriente. La cocina tiene un acceso adicional a través del patio (cubierto) de servicio que se abre, tras el muro curvo ya mencionado, hacia la fachada norte. Las ventanas de la cocina se operan con el mecanismo de poleas y cuerdas ya mencionado.

En cuanto a la planta alta, la escalera (con un barandal tubular) desembarca en un vestíbulo que tiene, a la izquierda, la puerta del estudio, al frente un baño y el calentador del agua y, a la derecha, un espacio limitado con otro barandal tubular que lleva a las tres recámaras, con ventanas idénticas a las de la planta inferior. Dos recámaras son muy pequeñas y la principal cuenta con un baño propio. En ambos baños existen los dispositivos descritos para las ventanas. El estudio es, muy notoriamente, el espacio privilegiado de esta planta, con sus tres amplios ventanales (la parte baja de los mismos con vidrio despulido) que producen el efecto de una enorme vitrina capaz de abrirse casi completamente al exterior mediante el sistema de biombo en el ventanal más largo y las ventanas aisladas de los laterales. He mencionado ya que este acristalamiento no tendría muchos precedentes en cualquier parte del mundo si hablamos de arquitectura doméstica. O'Gorman sabía que este triple ventanal de su casa era un elemento que debía destacar y fue así como lo enmarcó, en las tres fachadas, con una boquilla muy notoria que corre por los dos límites horizontales del ventanal (arriba y abajo) y los dos verticales (norte y sur) de esta enorme abertura.

Los pasamanos metálicos de tubos unidos con las piezas usuales en la plomería, pintados de rojo, anticipan los que aparecerán en tantas partes de las casas de Diego y Frida. También están ya en la primera casa los tinacos y una pequeña escalera exterior metálica, apenas un tubo con grapas horizontales, que sube del descanso superior de la escalera a la azotea. Pero todavía existe una innovación constructiva muy importante en la zona de servicios (al fondo del predio): en el ángulo noreste está el *garage* cubierto, y a su lado una primera habitación de servicio a la que el mismo O'Gorman agregó la segunda, con una esquina curva. (Atrás de ambas hay un patio de servicio, y cerrando el fondo del terreno existió un segundo patio separado por una cerca de cactos.) La innovación mencionada se encuentra en las cubiertas del *garage* y los dos cuartos de servicio, hechas con casetones huecos de barro prensado colocados entre delgadas nervaduras de concreto. Esta cuadrícula reaparecerá en las casas de Diego y Frida y constituye una primicia, al menos en México, de una estructura con el mínimo de concreto y máxima ligereza. El barro remite, por contraste, a la construcción artesanal.

LA RECUPERACIÓN DE LA CASA DE JUAN O'GORMAN DE 1929

He citado las palabras de O'Gorman sobre la alteración que sufrió esta obra al cambiar de propietario. A mediados de 2012 era por completo irreconocible: habían desaparecido la escalera helicoidal y el ventanal más grande del estudio, entre otras cosas; una nueva área construida, tan grande como la original, se extendía por el sur hacia al lindero con las casas de Diego y Frida. Los tecorrales con piedras redondas no existían. Era necesario, para empezar, eliminar los agregados. Mientras tanto se elaboró el proyecto de restauración, haciendo simultáneamente calas en todos los pisos y muros originales en busca de información sobre su estado original. Los planos originales de O'Gorman habían sido modificados por él mismo para incorporar algunas de las primeras modificaciones que los primeros inquilinos le habrían solicitado, y necesitaban un análisis cauteloso. La arqueología de lo moderno permitió despejar incógnitas y corregir suposiciones. Ayudaron, igualmente, unas seis u ocho fotografías de la casa recién terminada. Finalmente, la experiencia adquirida en 1995-1996, durante la restauración de las casas de Diego y Frida, fue una orientación esencial.

El reglamento de construcciones exigió, tanto en aquellos años como ahora, reforzar notablemente la estructura de todas las casas, que en la de Palmas 81 era deficiente en grado muy preocupante. Como en las restauradas con anterioridad, la mayor parte del presupuesto de la restauración de 2012-2013, y el tiempo de la misma, se invirtieron en la muy compleja reestructuración. Se hicieron nuevos cimientos en muchos lugares y todos los apoyos aislados; asimismo, una cantidad importante de los elementos de concreto armado integrados a los muros ("castillos") se reforzaron con acero en proporción muy importante, sin alterar las dimensiones originales de esos elementos. Todos los muros que habían desaparecido en el interior, y algunos originales, fueron reconstruidos íntegramente con concreto para reforzar también con este material la estructura. Se recuperaron los acabados y colores originales de muros, pisos y techos. Los ventanales laterales del estudio se quitaron, repararon y reintegraron, y lo mismo ocurrió con las ventanas de la fachada oriente. El gran ventanal del estudio, al oeste, desaparecido, se hizo nuevo a partir de las fotografías y siguiendo el modelo de los laterales.

La recuperación de los exteriores exigió eliminar las bardas tanto hacia la calle como a las casas de Diego y Frida, colocando los cactos originales (así como en la colindancia norte). Pero fueron igualmente recuperados los tecorrales y la jardinería original, quitando enormes cantidades de maleza y un par de árboles muertos. La superficie del suelo exterior, como en las casas vecinas de Diego y Frida, fue originalmente de tierra apisonada, según las fotografías más antiguas, y tanto en éstas como en la casa de 1929 se puso gravilla y arena como un equivalente limpio que drena hacia el subsuelo.

En este punto, el del espacio exterior, no cabe imaginar la magnitud del cambio producido: hoy es posible percibir, como fue originalmente, un conjunto unitario integrado por los volúmenes de las construcciones de los dos predios vecinos. En los planos originales existe incluso el trazo de una escalera exterior que los comunicaba y la nueva que se ha puesto, de piedra, ocupa el mismo sitio.

Los baños originales (dos, casi idénticos) se encontraban razonablemente completos y sólo se recuperaron los acabados originales, haciendo la réplica de una llave del agua. Como en el caso de la cocina se rehabilitaron los mecanismos originales de apertura y cierre de las ventanas.

1. Dos albañiles terminan los detalles de la escalera de la Casa O'Gorman, reconstruida íntegramente. Atrás, la cerca de cactos y los estudios de Diego Rivera y Frida Kahlo. 2013.
2. Ángulo sureste de la casa, una vez demolidos los numerosos agregados. Al fondo a la izquierda el lugar que ocupaba la escalera helicoidal original, reconstruida en el mismo sitio. 2012.
3. Refuerzo metálico de uno de los apoyos de la planta baja, frente al acceso de la casa. Posteriormente se aplicó el acabado de cemento. 2012.
4. Trabajos de recuperación de la sinopia del mural de O'Gorman que estuvo ubicado en el comedor. 2012.

1. *Two workmen putting the finishing touches on the stairway of the O'Gorman house, fully reconstructed. Behind them, the cactus hedge and the studio-houses of Diego Rivera and Frida Kahlo. 2013.*
2. *Southeastern corner of the house, after several additions had been demolished. In the background, to the left, the site of the original spiral stair, reconstructed in the same place. 2012.*
3. *Metallic reinforcement of the one of the upper floor supports, across from the entry to the house. A cement finish was later applied. 2012.*
4. *Restoration work on the sinopia of the O'Gorman mural in the dining room. 2012.*

1

2

Un caso especial fue planteado por el descubrimiento de los trazos del mural que O'Gorman pintó en el comedor en 1948, que lleva el título de *Entre la filosofía y la ciencia hay bastante diferencia*. Al vender la casa en 1968 lo desprendió y montó de nuevo en un bastidor. En la pared quedó, como capa subyacente, el trazo sobre el que realizó el fresco, con las "tareas" pictóricas claramente señaladas, pero todo oculto bajo una capa de yeso. Al buscar los vestigios de los colores originales en las paredes interiores encontramos esas huellas, que se limpiaron, retocaron, consolidaron y fijaron como testimonio de la otra actividad artística de O'Gorman. La recuperación de este trazo, por otra parte, exigió modificar la estrategia de reestructuración de la fachada oriente de la casa para no dañar la zona del mural próxima a la misma. El refuerzo se aplicó finalmente bajo la forma de soleras metálicas soldadas a los elementos horizontales y verticales de la ventanería. Resultan poco perceptibles.

La casa se dejó sin agua corriente para evitar riesgos por humedades, como se hizo antes en las de Diego y Frida. Y, como en éstas, se repuso parte de la instalación eléctrica original, sólo de manera aparente: es decir, con un cableado que no lleva energía. La iluminación real está a cargo de luminarias exentas, como lámparas de piso. No se debe perder de vista que el museo funciona sólo durante las horas en que hay luz natural.

3

4

LAS CASAS DE 1929-1931 Y 1931-1932 Y LA PRIMERA ÉPOCA DE JUAN O'GORMAN

No se debe pensar que la casa de 1929-1931 y las de Diego y Frida, de 1931-1932, serían las únicas hechas por Juan O'Gorman en sus primeros años como arquitecto. En la calle Jardín, paralela inmediata a la entonces Palmas (hoy Diego Rivera), hace a partir de 1931[62] una casa para su hermano Edmundo, en el número 108, y en 1933, en el número 88, otra para sí mismo en un terreno comprado en 1930. En su *Autobiografía* menciona la visita del entonces secretario de Educación Narciso Bassols, en 1932, a la obra de las casas para Diego y Frida,[63] de la que saldrá el encargo, por recomendación de Diego Rivera, para hacer 23 escuelas en el Distrito Federal entre 1932 y 1934,[64] más la Escuela Técnica Industrial, de 1933,[65] una de sus obras más importantes sin duda. Por Bassols conocerá al astrónomo Luis Enrique Erro, a quien hace una casa con un pequeño observatorio en la calle de Pilares, en 1933-1934.[66] Al pintor Julio Castellanos encarga un mural para la Escuela Melchor Ocampo de Coyoacán, y asimismo le hace una casa en la cerrada de la avenida Colonia del Valle, en 1934.[67] A un hermano del secretario, el doctor Francisco Bassols, también le proyecta una casa en la avenida Nuevo León en 1935,[68] y a la editora estadounidense Frances Toor un pequeño edificio de departamentos en la calle de Manchester, en 1932.[69] El propio O'Gorman hace el relato:

> En el período comprendido entre 1932 y 1935, que estuve empleado en la Secretaría de Educación Pública, construí varias casas habitación, ajustándome al mismo concepto funcional de la arquitectura. Las principales fueron: una de apartamientos para la señora Frances Toor, quien publicaba una revista muy importante denominada *Mexican Folkways*, en la que colaboraban todos los intelectuales de México acerca del arte popular, de la arqueología y de las novedades artísticas de aquella época. La casa consistía de varios apartamientos dúplex y de la casa habitación de la señora Toor.
>
> Construí también una casa en la que se instaló un observatorio astronómico para Luis Enrique Erro. Otra casa para el ingeniero Vallejo, subdirector del Departamento de Enseñanza Técnica, y otra más para el señor Sotomayor. También al doctor Francisco Bassols le proyecté e hice una casa habitación para su familia. Al escritor y amigo mío Manuel Toussaint le construí una casa en la colonia Del Valle. Igualmente, a Julio Castellanos le hice una casa pequeña con estudio en la misma colonia. Hice para mí una pequeña casa habitación en San Ángel Inn, en la calle de Jardín número 88, donde ahora vivo, atrás de lo que es el restaurante de San Ángel Inn. Esta casa la edifiqué en el año 1933, en un terreno que el compré al señor Alazraki en 1930, por el que pagué alrededor de un peso el metro cuadrado. [...]
>
> El año 1934 hice los proyectos y la construcción del edificio del Sindicato de Cinematografistas, que me encomendó la Confederación de Trabajadores de México (CTM), cuyo secretario general, en esa época, era Vicente Lombardo Toledano.[70]

La casa que hizo para su hermano Edmundo se conservaba bien a finales de la década de 1990, pero fue muy alterada después. Para comunicar la planta alta con la azotea tenía una escalera exterior idéntica a la de la casa de Frida. La del doctor Bassols, ya demolida, tuvo una similar para subir de la planta baja a la alta. Aún existe la casa de Julio Castellanos y se conservan, con modificaciones, las de Toor y Toussaint. La casa-observatorio de Erro tampoco existe ya.

No siempre sobreviven las obras pioneras en la historia de la arquitectura. Baste citar el Pabellón de Barcelona, de Ludwig Mies van der Rohe, del mismo 1929, destruido un año después y reconstruido (no restaurado, ya que del original no quedaba nada) en la década de 1980 por Fernando Ramos. Es por ello particularmente afortunado que pueda regresar a nosotros la obra fundacional de una etapa fundamental de la arquitectura mexicana. Lo hace, además, para acompañar las casas de Diego Rivera y Frida Kahlo. Sólo cabe agradecer a las circunstancias que la mantuvieron en pie a lo largo de 83 años, con pocas pérdidas, y que el gobierno mexicano –el Congreso y el Instituto Nacional de Bellas Artes– la hubiese adquirido y restaurado.

1

2

3

4

5

62
"Juan O'Gorman", pp. 19, 23.

63
Autobiografía, pp. 110-111.

64
Autobiografía, p. 114.

65
"Juan O'Gorman", pp. 19, 35.

66
"Juan O'Gorman", pp. 19, 37.

67
"Juan O'Gorman", pp. 19, 39.

68
"Juan O'Gorman", pp. 19, 39.

69
"Juan O'Gorman", pp. 19, 24.

70
Autobiografía, pp. 121-122.

1. Casa de Manuel Toussaint en la colonia del Valle.
2. Casa de Juan O'Gorman en la calle Jardín, San Ángel Inn.
3. Casa de Julio Castellanos en la colonia del Valle.
4. Casa de Edmundo O'Gorman en la calle Jardín, San Ángel Inn.
5. Casa del astrónomo Luis Enrique Erro en la colonia Del Valle.

1. *Manuel Toussaint house in the Colonia Del Valle.*
2. *Juan O'Gorman house on Calle de Jardín, San Ángel Inn.*
3. *Julio Castellanos house in the Colonia Del Valle.*
4. *Edmundo O'Gorman house on the Calle de Jardín, San Ángel Inn.*
5. *Residence of the astronomer Luis Enrique Erro in the Colonia Del Valle.*

Víctor Jiménez
2

JUAN O'GORMAN'S HOUSE OF 1929

THE DECADE OF THE 1920S: A NEW BEGINNING

The Mexican elites of the late nineteenth and early twentieth century adopted artistic cosmopolitanism –most strikingly, in architecture– as a sign of progress and modernity. Upon the fall of the regime that had made this possible –the dictatorship of Porfirio Díaz– such cosmopolitanism quickly lost its prestige. Within a few years, an external circumstance would also come into play: the First World War, which provoked the collapse of European academic cultural and the historical revivalism that had dominated the field of architecture. This cultural earthquake had repercussions even in Mexico, where the political context favored everything that was alien to the Porfirian *belle époque*, fostering a nationalist renaissance that nevertheless had its cosmopolitan character as well. The local avant-garde, with its cosmopolitan outlook, saw fertile ground for its own development, while the nationalists also considered the moment propitious to its aspirations. The circumstances rendered nationalism and the avant-garde complementary, rather than antagonistic... In his memoirs, Carlos Obregón Santacilia (1896–1961), the preeminent Mexican architect of the 1920s, would emphasize this peculiar conjuncture generated by the political events of his early years. He wrote first of the nationalist claims:

> Along with the songs of the Revolution there came a return to our own traditions, which had been ignored, and people who used to order their blankets from Paris remembered that magnificent woolen serapes were made in Mexico.... Jackets typical of the north and objects from other parts of the country, completely unknown in the center, began to be seen in the capital city. Mexican

cuisine came into vogue and by 1920 we found ourselves discovering Mexico.

The poet López Velarde emerged, as Gutiérrez Nájera had done in another age, and his magnificent verses, such as "La Suave Patria," are a paragon of all that is Mexican.[1]

This poem by López Velarde, published in 1921, was so appreciated by Jorge Luis Borges that he learned it by heart. Thus, nationalism itself thrusts us into the realm of cosmopolitanism, albeit of Mexican origin. Obregón also recalled Dr. Atl as the definitive promoter of Mexican folk art (though he adds that it would subsequently undergo a process of banalization). He might also have mentioned the French painter Jean Charlot (1898–1979), who was the first to reappraise the art of José Guadalupe Posada.

Obregón's generation was also very attentive, without contradiction, to the international trends of the moment. In the Academy of San Carlos, there circulated, he wrote,

> ...modern books and periodicals, among them *Bauformen*, a German architecture magazine that showed us for the first time what was being done in Europe.... We defended the things José Clemente Orozco exhibited in the corridors of the School in 1916, the year we entered it, which no one understood; we analyzed Otto Wagner and other Viennese and German architects.... We read, traveled, looked for modern art everywhere, in exhibitions, at the theatre, like that of the "Chauve Souris" we saw in New York, never abandoning, from that moment on, our ideal: to make architecture, good architecture, of our own time. But at the same time we were involved in the nationalist movement of the Revolution....[2]

Obregón also recalled that Diego Rivera, in the 1920s, with his mural painting, had given "a great boost to the prevailing nationalist trend."[3] Juan O'Gorman (1905–1982) was very close to both men at different moments: he was Obregón's student in 1923,[4] he worked for him when he was still a student, in 1924-1926,[5] and then again from 1927 to 1931;[6] he first met Rivera in 1923[7] and frequented him constantly after 1932, as he did Frida Kahlo as well.[8] O'Gorman discovered the architectural avant-garde on his own, reading Le Corbusier's *Vers une architecture* (1923) in 1924,[9] but he could not help but be imbued with the spirit of the new nationalism through his proximity to the muralist.[10] About this, he would later write:

> [Diego Rivera] in his talks, speeches, lectures, and conversation, on the public tribune or anywhere else, sought to teach the Mexicans what Mexico was. He is one of the discoverers of Mexico in the twentieth century.[11]

Obregón Santacilia's memoirs allow us to see clearly the cultural milieu in which Juan O'Gorman was educated. His fellow student Enrique del Moral, writing of the late 1920s, also saw it clearly:

> Just recently graduated from the Academy San Carlos, we were acquainted for a time, working together in the atelier of the architect Carlos Obregón Santacilia, with whom we collaborated on, among other projects, the design and subsequent construction of Lic. Manuel Gómez Morín's house, which until just a few years ago could still be seen at the corner of Parras and Nuevo León. This work, the first residence in a clearly modern style, caused a strong impression in Mexico at the time, large numbers of people going to visit it during the final stage of construction.
>
> In those same years he [O'Gorman] met the painter Diego Rivera, who had a strong impact on him. He felt great respect and admiration for Rivera, and later cultivated a close friendship with him. This relation not only helped to steer Juan's vocation toward painting, but also contributed to acquainting him with the artistic milieu and to certain aspects of the socialist ideology, which corresponded to the most liberal wing of the governmental sector.[12]

In spite of what Del Moral wrote in 1982, forty-five years before, in 1937, O'Gorman himself had written, in English, a brief biographical note about himself (or provided the information for it). Published in a special issue, entitled *The New Architecture in Mexico*, of *The Architectural Record*, it tells a different story. I quote it here:

> Juan O'Gorman. Born in Coyoacán, D.F., in 1905. 1922-1926, studied academy architecture in the University

of Mexico. Also worked as draftsman and construction supervisor in various offices including those of Carlos Contreras, Carlos Tarditti, and Villagrán García. 1927, built his first house and was employed in the office of Carlos [Obregón] Santacilia on important government buildings. 1928, worked in the office of Mr. Obregon as chief draftsman. While there he painted frescoes in various pulque saloons. 1929-1931, while working in the same office, built five private dwellings including the house and studio for Diego Rivera. 1932-1935, under the Secretary of Public Education, Narciso Bassols, aided in the establishment of a new technical school on a strictly functional basis and become one of the instructors there. 1936, formed a group of nine young architects to study the problem of housing for workers.[13]

Israel Katzman, who always provides the execution date of the project, gives 1930 as the date of the Gómez Morín house by Obregón.[14] Del Moral is therefore mistaken in calling Obregón the author of the first modern residence in Mexico, though he is correct in linking O'Gorman to Obregón at the beginning of his career and to Rivera as regards his cultural and political orientation. As for the house of 1927-1928 mentioned by O'Gorman as his first work, this refers to the one he designed for Ernesto Martínez de Alba in Las Lomas, which is free of ornamentation but lacks the radical character of his later work.[15] As for O'Gorman's first functionalist house, the design dates definitely from 1929, and Obregón's work is in any case more conservative in comparison. Obregón himself wrote of O'Gorman, twenty years later:

> The man at the head of the bare functionalism movement was Juan O'Gorman, an architect of talent and a great painter who, with the group of socialist architects, in which... Juan Legarreta [and] Enrique Yáñez began, made an interesting preparatory effort, which influenced the search for an architecture for Mexico.[16]

Obregón himself saw O'Gorman as a forerunner (at least in the "bare" version of functionalism), and it must not be forgotten that he knew him well. In fact, as we shall see, with the money earned working for Obregón, O'Gorman purchased the two lots on which he would build the little manifesto-house he would show to Diego Rivera and the studio houses of the muralist and his wife. It was in 1929 that Juan O'Gorman directly undertook, as Obregón and Villagrán had not done, an architecture that was not only modern but avant-garde, not only advanced in the Mexican context, but in the international one as well. With his house of 1929-1931, Juan O'Gorman started the clock for a new stage of Mexican culture, allowing us to speak of a new beginning of contemporary architecture in Mexico. Before him, we always see, in one way or another, the past; starting with O'Gorman, we only see the future. The remarkable present-day relevance of his work demonstrates this fact.

●

1 Carlos Obregón Santacilia, *Cincuenta años de arquitectura mexicana* (Mexico City: Editorial Patria, 1952), p. 34.

2 Ibid., pp. 39-40.

3 Ibid., p. 35.

4 Juan O'Gorman, *Autobiografía* (Mexico City: UNAM/DGE Equilibrista, 2007.

5 Ibid., p. 80.

6 Ibid., pp. 83 and 85, and the note in Esther and Ernest Born, *The New Architecture in Mexico*, cited below.

7 O'Gorman, *Autobiografía*, p. 89.

8 Ibid., p. 91.

9 Ibid., p. 76.

10 Ibid., p. 89.

11 Ibid., p. 93.

12 Enrique del Moral, "Juan O'Gorman," lecture delivered on 11 March 1982 at the Academia de Artes, reprinted in *El hombre y la arquitectura, ensayos y testimonios* (Mexico City: UNAM, 1983), p. 236.

13 Juan O'Gorman (?), "Juan O'Gorman," in Esther and Ernest Born, *The New Architecture in Mexico*, special issue of *The Architectural Record*, 1937, p. 21.

14 Israel Katzman, *La arquitectura mexicana contemporánea. Precedentes y desarrollo* (Mexico City: INAH, 1964), p. 138.

15 See Marisol Aja, "Juan O'Gorman," in *Apuntes para la historia y crítica de la arquitectura mexicana del siglo XX: 1900-1980*, vol. 2 (Mexico City: SEP/INBA, 1982), p. 21.

16 Obregón Santacilia, *Cincuenta años*, p. 81.

THE COSMOPOLITAN ORIGINS OF MEXICAN CULTURAL NATIONALISM

In the course of the nineteenth century, a long list of foreign travelers – Guillermo Dupaix, Frédéric de Waldeck, Eduard Mühlenpfordt, John Lloyd Stephens and Frederick Catherwood, Désiré Charnay, Alfred Maudslay, and many others–, along with certain Mexican writers, such as Ignacio Manuel Altamirano (who was acquainted with Charnay and with several other scholars of his time), had progressed in their knowledge of the cultures of ancient Mexico on the basis of all the evidence available to them, including that of art. It is worth pausing for a moment over the French archaeologist and photographer Désiré Charnay (1828–1915), who traveled through Oaxaca, Chiapas, and Yucatán starting in 1857 and took the first photographs of Mitla, Palenque, Izamal, Chichén Itzá, and Uxmal, which he gathered in an album entitled *Cités et ruines américaines.*[17] Charnay spent his final years in Paris, frequented by the adolescent Jean Charlot, whose great-uncle Eugène Goupil had lived in Mexico and married a Mexican woman. Goupil met Charnay in Mexico and acquired a large part of the collection of Mexican antiquities assembled by Lorenzo Boturini in the eighteenth century. Charlot saw this great collection as a boy in Paris and read Charnay's book, which contains two quotations from William H. Prescott's *History of the Conquest of Mexico*: one about the Spaniard's ascent of the volcano Popocatépetl and another about the episode of the massacre in the Great Temple. Charlot would immigrate to Mexico in 1921 and soon belong to the artistic circles of the capital city. In early 1922 he assisted Diego Rivera with the execution of the encaustic mural *The Creation,* painted on the proscenium of the Anfiteatro Simón Bolívar of the Escuela Nacional Preparatoria in Mexico City. The work was completely in line with the ideas of José Vasconcelos regarding the mural decoration of public buildings, whose subject matter had been formulated in the decorative arts of the nineteenth century: the exaltation of civic and moral qualities through allegorical figures. Obregón saw this clearly when wrote that Vasconcelos

> ...provided an opportunity to the painters of the period, among whom he distributed the walls of public buildings; the commencement of Mexican mural painting is due to him; he entrusted the amphitheater of the Escuela Nacional Preparatoria to Diego Rivera, who created an allegorical decoration, not yet rooted in Mexican traditions, but influenced rather by his most recent Italian and European memories in general.[18]

But Rivera must have spoken at least with Vasconcelos, who participated more than incidentally in the definition of the subject matter of the first mural executed as part of his initiative: *The Creation*. It is O'Gorman, curiously enough, who confirms this influence of Vasconcelos on the content of the murals created during his tenure as Secretary of Public Education (he resigned on 2 July 1924). O'Gorman wrote of Vasconcelos as Secretary while "Diego Rivera was painting his great encaustic mural in the Anfiteatro Bolívar." It was also O'Gorman's first year at the School of Architecture: 1922. In disagreement with the project, he and some of his classmates decided to visit Vasconcelos:

> We asked one of the soldiers present there where the Secretary could be found and he indicated the exact place, to which we went and which is still today the office of the Secretary of Education. Roberto Montenegro was there at the time, painting four murals on the Muslim, Hindu, and Buddhist religions. I understand that these were the themes that Secretary Vasconcelos had commissioned Montenegro to paint in his own office.[19]

Raquel Tibol is also of the opinion that there is a probable link between *The Creation* and the ideas of Vasconcelos:

> In his mural *The Creation*... Rivera sought to interpret Vasconcelos's theory of a new race in the Americas, capable of achieving a superior existence through knowledge and esthetic activity. In that *Creation* replete with esoteric allusions it seemed that Rivera had ruled out "identifying himself with the aspirations of the masses."[20]

The mural movement, if it had been left to the guidance of Vasconcelos, would doubtless have advanced in this direction. *The Creation*, however, was the object of criticisms which Rivera himself acknowledged, but against which he attempted to justify himself to Juan O'Gorman:

> The definitively religious character of the painting in the amphitheater has an historical determinant that had to act against my own will and in fact acted clearly, not only on me, but also on all the painters who initiated the Mexican muralist movement.[21]

As an alternative to these "deviations," Tibol adds, Rivera and Vasconcelos turned their attention to some young men who

> ...had began to advance toward the avant-garde experience of the *estridentista* group. Rivera chose his first assistants from among this group. Vasconcelos also noticed them and entrusted the decoration of other walls of the [Escuela Nacional] Preparatoria to them. These were Fernando Leal, Fermín Revueltas, Ramón Alva de la Canal, and Jean Charlot: an enormous difference with respect to the themes and style of Rivera. Mexican history and popular religious practice instead of symbolist philosophy: *The Feast Day of Our Lord of Chalma, Allegory of Our Lady of Guadalupe, The Disembarkation of the Spaniards and the Planting of the Cross in New Lands, Massacre in the Great Temple.* Mexicanness, indigenism, popular figures and ceremonies, along with the historical epics painted by the young artists, provoked serious self-critical and revisionist considerations in Rivera.[22]

On 22 October 1922 Charlot began a fresco (the first executed in Mexico since colonial times, as he wrote in a corner of the work) on the subject of the massacre in the Great Temple. It was also the first time that Mexican history appeared in a mural. Diego Rivera took note and, following in Charlot's footsteps, would undertake a vast mural production with fresco technique (except for the mosaics of his final period), also taking Mexican history as his basic subject matter, without entirely abandoning allegory and symbolism, thought always taking the side, like Charlot –and like Charnay in his own field– of the Mexicans, especially the indigenous Mexicans, who resisted the invasions and abuses of both foreigners and their own countrymen.[23] This point of view was of course totally opposed to that of Vasconcelos. Neither would there be any doubt for O'Gorman the muralist: like Rivera, he would always take the side of the Independence movement and the Revolution, as he did in his cycle of frescos in Chapultepec Castle (*Retable of the Independence* and *Retable of the Mexican Revolution*), but also in the fresco *History of Michoacán* in Pátzcuaro, where the colonial period nevertheless makes an appearance, and in the mosaic of the library in Ciudad Universitaria, less analyzed in this respect, perhaps because there the pictorial discourse is less narrative and more symbolic, as I have demonstrated in an essay ("El códice de piedra") devoted to this mural in stone.[24] Not only the images, but O'Gorman's own statements in an interview, quoted in my essay, make this abundantly clear.

Diego Rivera and Charlot contributed in early 1923 to the first issue of the *estridentista* publication *Irradiador*, the foremost expression in those years, in spite of its few pages, of the Mexican avant-garde in literature and the visual arts.[25] In that issue, Charlot published two woodcuts with campesino subject

17 Désiré Charnay, *Ciudades y ruinas americanas. México, 1858-1861. Recuerdos e impresiones de viaje*, trans. Víctor Jiménez (Mexico City: Banco de México, 1994).

18 Obregón Santacilia, *Cincuenta años*, p. 46.

19 O'Gorman, *Autobiografía*, p. 69.

20 Raquel Tibol, "La Secretaría de Educación Pública como Timonel de las Artes," in *Diego Rivera y los murales de la Secretaría de Educación Pública* (Mexico City: SEP, 2002), p. 82.

21 Diego Rivera, *Relatado a Juan O'Gorman. Disertación sobre la técnica de la encáustica y del fresco, Cuadernos de Artes de México* 3 (February 1954), p. 7, quoted by Juan Coronel Rivera, "Diego Rivera: la génesis," in *Diego Rivera y los murales de la Secretaría de Educación Pública*, p. 100.

22 Tibol, "La Secretaría de Educación Pública," p. 82.

23 I have explored the influence of Charlot's mural on Diego Rivera, first of all, and then on the Mexican mural movement in general, in my introduction to Désiré Charnay, *Ciudades y ruinas americanas*, p. 31.

24 Víctor Jiménez, "El códice de piedra," *20/10. Memoria de las Revoluciones en México* 8 (Summer 2010), pp. 106-127.

25 *Irradiador. Revista de vanguardia*, facsimile edition introduced by Evodio Escalante and Serge Fauchereau (Mexico City: Universidad Autónoma Metropolitana Iztapalapa, 2012).

matter: a man carrying a *huacal* (a sort of basket) full of turkeys and a woman carrying her child. Exactly: the work of a Frenchman in an avant-garde journal aimed at a cosmopolitan readership... Manuel Maples Arce, the founder and editor of the review, explained the apparent paradox of how he, a Mexican looking toward Europe, had coincided in this and other projects with a European interested in *indigenismo*: "I don't know what strange fate drove our lives; Charlot came to Mexico in search of deep traditions, and I, in my youthful frivolity, went to the Paris of fashion and modernity."[26] Charlot's woodcuts could be the forerunner of many images by Rivera and O'Gorman, among other painters. In the same issue of *Irradiador* was a typographical manifesto-poem, "Irradiador estridencial," in which the initials DR (Diego Rivera) are clearly visible. Indeed, Rivera contributed the cover image of issue number two of the publication: a monochromatic version (a reverse engraving) of the fresco "Entrance to the Mine," which he would paint in the Secretaría de Educación Pública building the same year. This peculiar combination of indigenist (and revolutionary) nationalism and avant-garde cosmopolitanism has already been noted by Obregón Santacilia, a witness to and participant in the most important architectural debates and projects of the 1920s. It is not difficult to find this hybrid creation on page after page of *Irradiador*: Evodio Escalante believes there are traces of Vasconcelos in the texts on the Egyptian and Mexican pyramids by Ricardo Gómez Robelo in the first two issues,[27] though this is difficult to sustain, given Vasconcelos's antipathy to ancient Mexico. About his journey to Chichén Itzá, Vasconcelos wrote: "Everything is uniformly barbaric, cruel, and grotesque; no sense of beauty..., just wonder at the probings and aberrations of the human soul," though he adds that, in the Observatory, there "emerges a suspicion that there was thought there."[28] Nevertheless, "the physical environment itself is insufficient to create a civilization worthy of the name. A sensation of failure dominates the visitor, and one thinks with relief and pride of Mérida and Valladolid, cities created by the Spaniards, however modest within the glory of colonial Mexico."[29]

It is significant, however, as Escalante points out, that the texts by Gómez Robelo fit "within the rediscovery of Mexican archaeology undertaken in those years,"[30] though it was not until the terms of Bernardo Gastélum (interim Secretary, in succession to Vasconcelos, from 2 July 1924 to 30 November 1924) and José Manuel Puig Casauranc (Secretary of Education from 1924 to 1928, under President Plutarco Elías Calles) that the explorations of Chichén Itzá under Sylvanus G. Morley began, sponsored by the Carnegie Institution, in the winter of 1924. They would continue intermittently for a period of fifteen years. It is not by chance that Jean Charlot worked as a draftsman at Chichén Itzá under Morley from 1926 to 1928,[31] nor that Federico Mariscal traveled to Yucatán and Chiapas (Puig's home state) to take the first elevations of Mayan architecture.[32] It was clearly no accident that in 1932 Federico Mariscal, author of the design to finish the renamed Palacio de Bellas Artes, included in the decoration large masks of the god Chac in shiny steel, as well as bronze supports in the shape of cacti and agaves in relief, all in an art deco style that was also characteristic of *Irradiador*.

●

COSMOPOLITAN NATIONALISM

In 1929, Juan O'Gorman incorporated into his design of the house at Palmas 81 a cactus hedge typical of Mexican villages, as well as agaves in the landscaping. As an architect of his time, O'Gorman openly and polemically opposed the neocolonial architecture promoted by José Vasconcelos as part of his *criollo*-leaning anti-*indigenismo*, which attracted followers among the governing authorities of the capital city, who had decreed that all façades in the historic center must be neocolonial: both new and existing, with the latter to be redone. O'Gorman associated this decision with the Inquisition, arguing that, "fortunately, life in modern Mexico no longer has any of the characteristics of the Spanish colony."[33] Unlike a Federico Mariscal, or certain *estridentistas*, O'Gorman did not take a step in the direction of art deco, though his houses for Diego and Frida were contemporary with the termination of the Palacio de Bellas Artes. By 1930, art deco was not well-received in the circles of architects who aspired to be taken seriously.

Without relating the avant-garde character of *Irradiador* to Mexican political circumstances –to the Revolution, in short–, which were given greater relevance by Obregón Santacilia and O'Gorman, the French scholar Serge Fauchereau described an engraving by Leopoldo Méndez in the last issue of the review as follows: "Compared with the rest of the artists of *Irradiador*, it stands between the radical *estridentismo* of Revueltas or Alva and the indigenism of the woodcuts of Charlot. It is known that Méndez was to incline toward this second option with great talent. The indigenism developed in Latin America (I am thinking, for example, of J. M. Mariátegui and the Peruvian journal *Amauta*) was not incompatible with the most innovative art."[34] This is strictly true but, since Fauchereau cites a Peruvian writer, we might recall that the Mexican case can also be illustrated through the words of José María Arguedas, another Peruvian, written in 1960. What Arguedas wrote about Juan Rulfo seems to confirm what Obregón Santacilia had witnessed in his youth as an incipient process, but which Arguedas saw as something achieved: "These stories appear when Mexico has attained worldwide prestige in the arts. The profound roots that nourish them are evident. Human beings make literature and then literature contributes to molding human beings. The arts make up the marrow of a country, governing its people; their own freedom, the highest and most absolute possible, and the fruits of it, bear the seal of antiquity, of the work of predecessors, when these have existed."[35] Arguedas adds a complementary reflection: "The spirit of ancient Mexican history apparently inspires more, or has more force in present-day life, in its mystery, than the forms and contents that arrived from Spain."[36] Nevertheless, and since Arguedas does not seem willing to submit himself to the categories, he refrains from affiliating Rulfo with indigenism after alluding to the Peruvian case: "And not all of these forms are equal to our own. There the mestizo has command of things."[37] He takes up the question of the local, both in Rulfo's stories and in *Pedro Páramo*, only to anticipate an important turn in his reasoning: "There are only 154 pages in this novel, and *El Llano en llamas* has even fewer: 143. But I do not believe that anything in the enormous Mexican world of the villages fails to be interpreted in those two short books."[38] The tour de force that Arguedas performs in his text concerns the universality that Rulfo's oeuvre was to attain: it was, for Arguedas, "a literature that will doubtless influence the European countries in which it has begun to circulate and which, until just recently, we were always copying. Now perhaps we are beginning to provide them with models. Because in Rulfo a powerful world is brought into being, equivalent

26 Manuel Maples Arce, "Presentación," in *Jean Charlot, estridentista silencioso* (Mexico City: Editorial El Café de Nadie, 1981), p. IV, quoted by Milena Koprivitza, "Jean Charlot en el trato con sus contemporáneos," in *México en la obra de Jean Charlot* (Mexico City: UNAM/CONACULTA/Departamento del Distrito Federal, 1994, p. 86).

27 Evodio Escalante, "El descubrimiento de *Irradiador*. Nueva luz sobre el estridentismo," in *Irradiador*, p. 30.

28 José Vasconcelos, *El desastre* (Mexico City: Trillas, 2000), p. 131.

29 Ibid., p. 132.

30 Escalante, "El descubrimiento de *Irradiador*," p. 30.

31 Donald McVicker, "El pintor convertido en arqueólogo: Jean Charlot en Chichén Itzá," in *México en la obra de Jean Charlot*, pp. 58-72.

32 Federico Mariscal, *Estudio arquitectónico de las ruinas mayas. Yucatán y Campeche* (Mexico City: Secretaría de Educación Pública, 1928).

33 Juan O'Gorman, "El Departamento Central, inquisidor de la nueva arquitectura," reprinted in Ida Rodríguez Prampolini, *Juan O'Gorman, arquitecto y pintor* (Mexico City: UNAM, 1982), pp. 79-80. This article was directed against Cosme Hinojosa, the "Regent" of the Distrito Federal (Mexico City and surroundings) from 1935 to 1938, who decreed that only neoclassical buildings be constructed in the center of Mexico City

34 Serge Fauchereau, "*Irradiador* en el espíritu de la época," in *Irradiador*, p. 56. Fauchereau's statement contrasts with the hesitations regarding this point in the catalogue of the exhibition *Vanguardia en México. 1915-1940* (Museo Nacional de Arte, Mexico City, 2013) and in the exhibition itself. Rather than starting from the reality of the Mexican case, the curators and authors of the catalogue seem to insist, like positivist sociologists, on creating dichotomies –such as *countryside* vs. *city*, *nationalism* vs. *cosmopolitanism*, *narrative painting* vs. *abstract painting*– which were never of much interest to the Mexican avant-garde (or to O'Gorman himself). The exhibition (as well as its catalogue) seems to harbor a notion of avant-garde cosmopolitanism closer to that of the Porfiriato, dependent on foreign models and limited to the idea that the vernacular represents backwardness: an "avant-garde" that offers little in the way of innovation... The journal *Dyn* (1942-1946), founded in Mexico by Wolfgang Paalen, Alice Rahon, and others, was genuinely cosmopolitan. It did not take long for it to incorporate the autochthonous art of the Americas among its assets, before ending up as a matrix for abstract expressionism. This point will be taken up again below.

35 José María Arguedas, "Reflexiones peruanas sobre un narrador mexicano," originally published in *El Comercio* (Lima), 8 May 1960, and reprinted in Víctor Jiménez, Julio Moguel, and Jorge Zepeda (eds.), *Juan Rulfo, otras miradas* (Fundación Juan Rulfo/Juan Pablos Editor/Gobierno del Estado de Michoacán/Ayuntamiento de Morelia), p. 77.

36 Ibid., p. 81.

37 Ibid., p. 81.

38 Ibid., p. 81.

to the one constructed by Orozco or Tamayo, though the Mexican material is more patent in Rulfo, more explicit, which is both the advantage and the disadvantage of literature over the visual arts."[39] Susan Sontag confirmed this thirty-four years later, in 1994: "Rulfo's novel is not only one of the masterpieces of twentieth-century world literature, but one of the most influential of the century's books."[40]

Whether in the field of the visual arts or in literature, during the period extending from 1920 to 1960, Mexico was able to reconcile the apparent opposites of the local and the universal with remarkable success. And it was not only the Mexicans, first, and then a Peruvian, who noted the fecundity of this synthesis for our own art and that of the ancient cities. In 1938, at the same time as the Mexican cultural debate, Paul Valéry wrote almost the same thing: "It would not surprise me that very happy combinations could result from the action of our esthetic ideas inserted into the powerful nature of autochthonous Mexican art."[41] Vasconcelos might not have been in agreement with the author of "Le cimetière marin," but Charlot, Obregón Santacilia, Rivera, and O'Gorman certainly would have. Moreover, in 1939 Wolfgang Paalen and Alice Rahon arrived in Mexico and, together with a long list of contributors, published in the capital city the journal *Dyn*, which from 1942 to 1944 proposed an alternative to surrealism and opened the way toward abstract expressionism.[42] At the same time, symptomatically, articles were being published about recently discovered codices by so eminent an authority as Alfonso Caso, or about Tlatilco by Miguel Covarrubias. Both texts met the most rigorous academic standards. In his text, Covarrubias also dealt with the debates that took place in Tuxtla Gutiérrez in 1942 about the age of the Olmec culture.[43]

These are not simply coincidences. Pierre Bourdieu recurs in these cases to the notion of *habitus*, previously utilized by Robert Klein, whom he cites.[44] Bourdieu developed his own interpretation on the basis of Erwin Panofsky's *Gothic Architecture and Scholasticism* (1951), which he had translated.[45] Panofsky proposed to seek what the architecture of the thirteen-century French cathedrals (particularly those erected under the influence of the Abbot Suger) had in common with the scholastic thought of Thomas Aquinas. Robert Klein had defined the habitus as that which "allows [me] to recognize what I have once known (even if, better informed, I recognize it 'as' something else)."[46] Klein deals with the individual experience that allows that "recognition" of the same thing (philosophy) in something else (architecture, if we are to follow Panofsky), integrating a "horizon of possibilities" –the expression is Klein's– that allows the continuity of the self. Bourdieu transfers this notion to the social body, which requires and uses schemata "constituted in the course of collective history, [which] are acquired in the course of individual history and function in their *practical* state, *for practice...*" (author's emphasis).[47]

In the context of an analysis of this kind, much the same could be said of Juan O'Gorman, no less dedicated than his brother Edmundo to Mexican history –witness his mural painting– and open from his early years to contemporary art from all over the world (not only Le Corbusier, but also Frank Lloyd Wright, Antonio Gaudí, and the *facteur* Cheval). It is logical, and not the result of chance, that we can now confirm the wide repercussions of his work both in Mexico and abroad (the presence of Toyo Ito in this book is not by chance either). Anyone interested in following the course of the reception of Juan O'Gorman's work in Mexico and internationally has only to consult the studies preceding his autobiography in its most recent edition.[48]

●

JUAN O'GORMAN: AVANT-GARDE MEXICAN-STYLE

What Carlos Obregón Santacilia wrote in 1950 can be applied to his own work, but perhaps, if we add a touch of radicalism, it would seem to apply rather to Juan O'Gorman. In his autobiography, O'Gorman leaves no doubt as to his attachment to Mexico, both through his maternal ancestors (including the heroine of the Independence movement Leona Vicario) and through his relationship with Diego Rivera. He writes as follows of his maternal grandmother Angelita: "I believe her love and devotion influenced me... making me feel this love for Mexico, also the homeland of my maternal grandmother. She was, for me, the characteristic personification of what is called love of one's country, represented by the Mexican fatherland."[49] By contrast, O'Gorman had a difficult relationship with his father, who felt British, though it was thanks to him that Juan received a thorough education in English. Moreover, as Enrique del Moral has written, "life in the O'Gorman home transpired in a refined artistic and cultural ambience, fostered by the inclinations of the members of the family, and Sunday afternoon receptions always attracted interesting people."[50] Cecil O'Gorman collected colonial antiques in his old house in San Ángel and was also a painter. Thus, writes, Del Moral, "when we entered what was then the Academy of San Carlos to study architecture, Juan was an extroverted athlete who had already been painting for some time, under the guidance and example of his father, demonstrating very flattering results that promised his future success in that art. In the same way, in the School of Architecture, his clear predilection for the discipline was obvious from the beginning, as he always took first place and honors in composition, both architectural and decorative, and or course in all subjects related to drawing. It should be noted that even at that time it was clear that a strong personality distinguished everything he did."[51] It is true that his early training in painting had given O'Gorman a significant advantage in his performance, not only in painting itself, but also in the field of architecture. And in spite of his distance from Cecil, Juan designed his first functionalist house, at Palmas 81, with him in mind, for it was conceived as a "rental house for his father" (that is, intended to provide his father with an income), as Del Moral, who had good reason to know, recalled.[52] It was obvious to all, moreover, that Juan's rejection of his father was compensated by the close relationship he established with Diego Rivera. Edmundo went so far as to say that "Diego had been the genuine 'father' of his brother Juan."[53]

It was in the peculiar context of Mexico in the 1920s (without forgetting the more immediate circle of his family and professional relations), that O'Gorman found it indispensable to undertake a construction that would physically demonstrate the ideas he had in his head. Hence, he wrote, "I managed to purchase a lot in San Ángel on which to build a house. That was what I wanted to do, more than anything else in my life. I wanted to create a model of a functional house, submitting myself to the principle of maximum efficiency or yield through minimum effort. I felt the urgent need to make a house that was engineering more than architecture, that, as Le Corbusier used to say, was a machine for living in. And that is what I did."[54] In effect, it was in *Vers une architecture* that he read that "a house is a machine for living in." The book gathered a dozen articles by Le Corbusier that had appeared in 1921 and 1922 in the journal *L'esprit nouveau*, of which he was a co-founder. Although it had an ample section devoted to architecture, the review was also, like so many others of the time, a window onto the different avant-garde developments in painting, literature, cinema, design, etc. taking place in the wake of the First World War.

39 Ibid., p. 82.

40 Susan Sontag, "Foreword," in Juan Rulfo, *Pedro Páramo*, trans. Margaret Sayers Peden (New York: Grove Press, 1994), p. ix.

41 Paul Valéry, "América, proyección del espíritu europeo," in *Miradas al mundo actual*, trans. José Bianco (Buenos Aires: Losada, 1954), pp. 91-92.

42 See Dawn Ades, "*Dyn*: An Introduction," in Annette Leddy and Donna Conwell, *Farewell to Surrealism: The Dyn Circle in Mexico* (Los Angeles: Getty Research Institute, 2012), p. 3: "Paalen's essays and paintings in *Dyn*... seem to provide the 'missing link' between surrealism and abstract expressionism."

43 Ades "*Dyn*: An Introduction," p. 6

44 Pierre Bourdieu, *The Rules of Art: Genesis and Structure of the Literary Field*, trans. Susan Emanuel, (Redwood, CA: Stanford University Press, 1996), p. 386, n55.

45 Erwin Panofsky, *Gothic Architecture and Scholasticism* (New York: Meridian Books, 1957).

46 Robert Klein, *La forme et l'intelligible: écrits sur la Renaissance et l'art moderne* (Paris: Gallimard, 1970), p. 460: "le habitus qui permet de reconnaître ce que j'ai une fois connu (même si, mieux renseigné, je le reconnais «comme» autre chose)."

47 Pierre Bourdieu, *Distinction: A Social Critique of the Judgement of Taste*, trans. Richard Nice (Cambridge, MA: Harvard University Press, 1984), p. 467; see also "Symbolic capital," in *The Logic of Practice*, trans. Richard Nice (Redwood, CA: Stanford University Press, 1990).

48 Víctor Jiménez, "Juan O'Gorman sobre sí mismo" and "Cronología de la vida y obra de Juan O'Gorman," in O'Gorman, *Autobiografía*.

49 O'Gorman, *Autobiografía*, p. 48.

50 Del Moral, "Juan O'Gorman," p. 235.

51 Ibid., pp. 235-236.

52 Ibid., p. 236.

53 O'Gorman, *Autobiografía*, p. 14.

54 Ibid., p. 83.

It is yet another reference to be taken into account in considering the Mexican journal *Irradiador* (whose three issues appeared in 1923). Particularly striking is the enthusiasm generated by the radio in the Mexican journal, in the background of which stands the volume of poems *Andamios interiors. Poemas radiográficos* (1922) by Manuel Maples Arce, *estridentista* leader and founder of *Irradiador*. Even the name of the publication is associated with radio communication. On the back cover of the third issue of *Irradiador* there is an advertisement for "Radio" cigarettes, manufactured by El Buen Tono: the design of zigzagging lines on the cigarette package allude to the transmission of radio signals. So it is no coincidence that, on 15 September 1923, the radio station El Buen Tono began to broadcast. The station is considered the oldest in Mexico, though there were occasional experimental broadcasts before that. This frenzy for new technologies extended, in *Irradiador*, to electricity, which is repeatedly present in both the texts and the advertising. Neither was electricity alien, though we no longer remember the fact, to the worlds of literature and politics. Marcel Proust recounted to Céleste Albaret: "One day he decided to give a big dinner party and wanted the table arranged like a flower bed, with an electrically lit flower in front of each guest. But at that time, Celeste, most houses didn't have electricity. So mother had a generator and accumulators installed in the courtyard. You should have seen the result—it was entrancing!"[55] (Proust's mother died in 1905.) In the other field, that of politics, Lenin had proclaimed in November of 1920 that "socialism is the soviets plus electricity." This was evident to everyone at the time, for electrification was the basis of industry, frequently represented by factory smokestacks, as in the photograph by Edward Weston that appears on the cover of the third issue of *Irradiador*. In Le Corbusier's book and periodical there are numerous images of ships, airplanes, and automobiles, expressions of a modernity that sought to be metallic, mechanical, and dominated by speed: the architecture by Le Corbusier reproduced in the same publications includes light iron stairways that might be found on a transatlantic ocean liner or be used to board an airplane.

It is not strange, therefore, in the context of the period, that radio antennas are noticeably present both in the house at Palmas 81 and in Diego Rivera's studio-house, nor that in all these houses the electrical cabling and light bulbs are always visible, along with thin water pipes, stout chimneys, ducts for running off rainwater, and the tubes and metallic containers of the garbage disposal systems, not to mention the tubular railings and banisters on stairways and rooftops, which again evoke factories or ocean liners. All of the windows are metallic, as well as the doors, complemented with laminated cement. All the iron is painted red, the color of the anti-corrosive cladding. Particularly striking in the house at Palmas 81 are the mechanisms on the kitchen and bathroom windows, metallic devices that, with the help of pulleys, allow the vents that are too high to reach to be opened and closed. The metallic water tanks, highly visible owing to their placement and color, fulfill a similar role, showing what technology was able to contribute to the new "machine for living in." The opening text of the first issue of *Irradiador* proclaimed: "The city is full of installations, of dynamos, of gears and cables.... The entire city throws off sparks, polarized on the radio and telephone antennas of a fantastical station." The avant-garde's fascination for the modern city has been described so often as to become a commonplace, but no attempt has been made to go from the mere urban image to architecture in the strict sense as an inspiration for the avant-garde or under its influence, with the exception perhaps of art deco architecture, which was completely alien to the avant-garde of those years.

I am not suggesting a prior influence of contemporary architecture on the Mexican literary and visual arts avant-garde, or of these on functionalists such as O'Gorman, but I do wish to draw attention to Robert Klein's "horizon of possibilities" that makes it possible to recognize the "self" in the "other." The restless young author of the house art Palmas 81 (and of those he would design shortly afterwards) had clear objectives, but the peculiar thing about his house is, as Del Moral also saw, "that O'Gorman's architectural work of that period shows the extreme point reached by functionalism in Mexico; indeed, I do not believe that such radical expressions of that position could be found in any other country."[56]

AN EXCEPTIONAL TESTIMONY: JUAN O'GORMAN ON HIS OWN HOUSE OF 1929

We have few personal testimonies about their work by Mexican architects of any age (except the very recent past), and still fewer direct accounts, not only of the architect's intentions in conceiving the work and the results obtained, but also of its reception. O'Gorman wrote at length about his 1929 house in his autobiography, dictated to Antonio Luna Arroyo and published in 1973. In the part dealing with the early stages of his career, O'Gorman describes how he acquired two tennis courts across from the San Ángel Inn (then a hotel, now a restaurant) with the money he earned from a project entrusted to him (along with Marcial Gutiérrez Camarena and Enrique del Moral) by Carlos Obregón Santacilia. O'Gorman continues as follows:

> I sold the corner lot to Diego Rivera in order to build his studio-house on it. On the second lot, which now bears the number 81 on Calle de las Palmas, I built the first functionalist house in Mexico.
>
> The house I built caused a sensation because a construction whose form was derived totally from utilitarian functions had never been seen before in Mexico. The electrical and plumbing installations were exposed. The cement slabs were without plaster. Only the walls of clay-block and brick were plastered. The water tanks on the roof were visible. There was no roof balustrade and construction was carried out with the least manpower and lowest expenses possible.
>
> The appearance of the building, to which a system of reinforced concrete construction had been applied, was strange. In Mexico a purely functional house had never been built. The minimum expense and effort for maximum efficiency had been the theoretical basis to make this three-bedroom house with two bathrooms, a living room, a kitchen, a servant's room with bathroom, a garage, a covered terrace on the ground floor, and an exterior spiral stair that provided access to a studio on the upper floor.
>
> I succeeded in applying what my teacher [José Antonio] Cuevas considered a correct work of engineering and the theory that my teacher [Guillermo] Zárraga had taught me: that is, to be as faithful as possible to the human need for shelter, to apply modern constructive systems to architecture, and to take advantage of the climatic conditions of the place where construction is carried out, through the correct orientation of the house....
>
> The house was not simply an artistic whim, nor was it built according to an abstract theory. It was actually an application of the principles of functional architecture, which were the basis of the school buildings I later constructed in the Federal District and which have influenced the architecture made since in Mexico.
>
> I built the house in 1929 and it had some influence in Mexico. The contrast between its appearance and the architecture that was then being built was notable. Located as it was across from a colonial building, the Goicochea hacienda, which is now the San Ángel Inn restaurant, many people turned away when walking by it in order not to see the "horror" built across from San Ángel Inn by an individual "whose diploma should be taken away from him, so that he doesn't keep doing such horrible things."
>
> This controversial house was built so that my father's family could live in it, but my father and mother, who were living at Calle del Santísimo number 6 (the same old house that my father had purchased during the Revolution), didn't want to move from their former house....
>
> The house was therefore rented for one hundred pesos a month, which I handed over to my father as payment for my education. Of course this helped him a lot, because he was very poor....
>
> In this same functionalist house that I built (Calle de las Palmas number 81), my brother Tomás lived following his marriage. It also helped him because my father rented it to him very cheaply. He was just beginning to make a living as a notary public (from 1942 to 1944).[57]

Although O'Gorman says that the small house was intended to be used by his parents, this was not at all the case. The truth is that the original client was Juan O'Gorman himself, who financed both the

55 Céleste Albaret, *Monsieur Proust. Souvenirs recueillis par Georges Belmont* (Paris: Robert Laffont, 1973), p. 172 [English translation: *Monsieur Proust*, trans. Barbara Bray (New York: New York Review of Books, 2003), p. 137].

56 Del Moral, "Juan O'Gorman," p. 237.

57 O'Gorman, *Autobiografía*, pp. 85-87.

acquisition of the lot and the cost of construction. His father's grand colonial house, very much to the taste of the antiquarian Cecil, was just a few blocks away, and it was inconceivable that he would have moved into the one his son had designed. We have already seen how Del Moral, who knew the O'Gorman family, referred to the new construction as a "rental house." The most likely reason behind the initiative can be found in what O'Gorman himself said about was what he wanted to do "more than anything else in [his] life:... the urgent need to make a house that was engineering more than architecture."

But there was another reason, by no means incompatible with the declared one: to show the house to an important figure and potential client, who would allow him to advance in his career, if he should receive the commission he desired, as the author of an entirely new kind of architecture. O'Gorman's original plans show an extremely sparse design, with certain characteristics not at all common in 1929: a winding exterior stairway that was daring even as a proposal, since there was little experience in the use of concrete even to resolve the problem of its construction. When we reconstructed the stairway in 2012-2013, we were able to appreciate the scope of the challenge –in terms both of geometrical control and of the execution of such a complex piece– that the twenty-four-year-old architect was setting himself. Another notable feature of the work is the upper-floor studio, with its three exterior façades formed by corner-to-corner, floor-to-ceiling windows. Practically the entire volume is glass. It may well have been the first house (as opposed to factory, greenhouse, or office) built anywhere with such characteristics, all the more remarkable in that it was "floating" above the ground on three slender *pilotis*. Le Corbusier had already designed large windows for the Ozenfant studio, but they did not extend to floor level and there were only two (plus the translucent ceiling), which did not come together at the corner. O'Gorman joins the windows directly at the corner, with the structure completely behind them, as Gropius had done in his glazed Bauhaus building of 1925-1926 (which is not a residence). Finally, in the O'Gorman house the largest window folds almost completely, like a screen, opening the studio space entirely toward the exterior. Although O'Gorman would not have known when he designed his house, Mies van de Rohe had designed (in 1928) and built (in 1929-1930) the Villa Tugendhat in Brno, an extremely luxurious and expensive work, in spite of its deceptive formal sobriety. The living room of this villa has enormous floor-to-ceiling, corner-to-corner windows, with the recessed structure invisible from the outside, and an especially singular feature: every second glass pane on the largest façade can be lowered by means of an electric motor, opening the living room and dining room onto the garden one level below. With far more modest means (the folding window, like a glass screen), O'Gorman created practically the same thing in the studio of his 1929 house. As for the garden, it reveals a characteristic that he would use in almost all the houses of his first period: the lot is bordered by a cactus hedge.

In his autobiography, O'Gorman returns to the house at Palmas 81 when he recounts Diego Rivera's visit to it. This constitutes a valuable testimony to the immediate reception of this pioneering work of modern architecture in Mexico:

> I remember the occasion when I was bold enough to ask him to come and see the house I had just built and give me his opinion. He was kind enough to go and see the house in my company, telling me that he liked it a lot esthetically. The master's opinion surprised me, since the house had been constructed to be useful and functional. At that moment, Diego Rivera invented the theory that architecture performed by the strict procedure of the most scientific functionalism is also a work of art. And since through maximum efficiency and minimum cost a larger number of constructions could be produced with the same effort, this was of enormous importance to the rapid reconstruction of our country and therefore (according to Rivera) it gave the building beauty.
> He immediately commissioned me to build a studio and a house for him.[58]

O'Gorman goes on to describe the state of the house at Palmas 81 at the time he was dictating his autobiography, which is of relevance here because it pointed to the need for the restoration of the house which would finally be carried out in 2012-2013: "The first functionalist house that I built in San Ángel, which the *maestro* Rivera saw, is now totally changed, because the new owners have done work which destroyed its original architecture."[59] And he adds:

> I showed him the lot at the corner of Las Palmas and Altavista, explaining that I had bought it and would sell it for the same price if he commissioned me to build his house and studio.
>
> Then he gave me an appointment in his own home to work out everything about the purchase of the lot and the construction of his studio, applying the principles of functionalist architecture. He also commissioned me to build, on the same lot, a small two- or three-storey house for Frida, his wife.[60]

A little further on, O'Gorman returns to this set of houses for Diego and Frida to underline the importance it had in his career. It is here that we can see with more certainty that the house at Palmas 81 was conceived precisely in order to be shown to Rivera. The fact that it had a studio for a painter (supposedly Cecil, but this is an unlikely conjecture, since O'Gorman's father did only small-format works) is not an irrelevant circumstance in this regard.

> I began to build Diego Rivera's house at the corner of the Calle de [las] Palmas and Avenida Altavista in the year 1931, when the master was painting his great frescoes in the staircase of the Palacio Nacional. I was then twenty-six years old and this was the most important work of my life, because it made me known all over Mexico.[61]

Certain features of his first house mentioned by O'Gorman were unprecedented: it would take a long time for the concrete slabs without plaster and the exposed installations, for example, to become common anywhere in the world. O'Gorman's determination to renounce any prior criterion of an esthetic nature was correctly identified by Diego Rivera as the opening, precisely, of a new chapter in the esthetics of architecture, in tune with the moment and the circumstances of Mexico at the time. The house revealed not only an architect abreast of what was being done in Europe, but also one sensitive to the new esthetic of the Revolution, which championed the creativity of folk artists and indigenous craftsmen for certain solutions and made minimum costs a legitimate goal, indeed, even a *sine qua non*, given the new circumstances prevailing in the country. Bearing witness to the nationalist stance of the house at Palmas 81 are not only the cacti, but also the piled-stone walls, common in Mexican villages, in the garden terraces, where O'Gorman planted agaves. There is also the coloring, both exterior and interior, with its strong, vivid tones taken from campesino architecture. The restoration of the house allowed us to see how O'Gorman really had little money to spend on it, in contrast to the ampler budgets he enjoyed in designing the houses for Diego and Frida, who had the means to finance a work of greater quality in execution, though there was no sign of luxury in this case either.

The plans for the house at Palmas 81 are marked with a stamp bearing the name of Marcial Gutiérrez Camarena and the signature of this classmate, friend, and partner of O'Gorman, who was responsible for obtaining the construction license, since O'Gorman had not yet received his professional diploma. The stamp is dated 23 December 1929. The design was drafted that year and construction must have taken all of 1930, because the house was finished in 1931: in the upper right corner of the façade wall there is a hand-painted signature reading "Juan O'Gorman / 1931."

THE HOUSE AT PALMAS 81: FROM 1931 TO 2013

The project can be described, in summary fashion, as follows: the lot is 31 meters deep and a little less than 20 meters across. O'Gorman did not take into the account the slope required to bridge the difference of level with the neighboring lot (where the houses of Frida and Diego were to be built) and situated the house, eight meters wide, in the middle of the flat part of the lot, with around four meters on every side.

58 Ibid., pp. 89-90.

59 Ibid., p. 90.

60 Ibid., p. 90.

61 Ibid., p. 110.

The main façade is 6.75 meters from the cactus hedge along the street. The house is 11 meters long, extending toward the back of the lot, and O'Gorman left another 6.75 meters between the house and the service rooms. We have, therefore, a rectangle centered on the lot, though not in the middle of its legal limits (owing to the rise). The structure is based on a four-meter-square module: there are two of these at the front, limited by three isolated supports 20-centimeters across. This entrance space, completely open on three sides, is also four meters deep, though a curved wall invades a part of it, called on O'Gorman's plan the "shade garden." On the south side of this area the spiral stairway starts, totally self-supporting, demonstrating (then and still now) the great geometrical and structural flair of the young architect. On the upper floor, the curving ramp of the stairway meets one end of the large southern window, communicating directly with the studio through a door let into this window.

The covered entry terrace anticipates the dimensions and solution of the upper-floor studio, a fact that is underlined by the exterior stairway. But there is another way to get upstairs. First it is necessary to go through the main door, almost in the center of the façade, which leads to three points inside the house: the beginning of the interior staircase, the living room space, and a small vestibule that leads in turn to the kitchen and dining room. Under the staircase landing there is an iron stove that can heat the entire house, since its chimney crosses the landing and goes through the wall to provide heat by irradiation to the studio. The dining room is an extension of the living room and both are illuminated by a large horizontal window that faces east. The kitchen has an additional entry by way of the (covered) service patio which opens, behind the curved wall mentioned above, toward the north façade. The kitchen windows operate with the pulley mechanism already described.

On the upper floor, the stairway (with its tubular handrail) issues onto a vestibule with, to the left, the studio door, directly in front, a bathroom and water heater, and to the right, a space limited by another tubular railing that leads to the three bedrooms, with windows identical to those on the ground floor. Two of the bedrooms are very small, while the master bedroom has its own bathroom. The windows in both bathrooms are equipped with the pulley devices already described. The studio is patently the most favored space on the upper floor, with its three large windows (with frosted glass on the lower parts) that produce the effect of one enormous bay window opening almost completely onto the exterior, thanks to the folding screen system of the largest window and the isolated side windows. As I have mentioned, this degree of glazing was unprecedented anywhere in the world in the context of domestic architecture. O'Gorman knew that this triple window was an element to be emphasized, so he framed it on the three façades with a very noticeable border that runs along the two horizontal limits (upper and lower) and the two verticals (north and south) of the enormous opening.

The metallic, tubular railings, together with the pipes of the plumbing installations, painted red, anticipate those that would appear in so many places in the houses of Diego and Frida. There are also, in the former house, the water tanks and a small metallic exterior stairway, hardly more than a tube with horizontal brackets, that goes from the upper landing of the staircase to the rooftop. But there is a very important constructive innovation in the service area (at the back of the lot): in the north-eastern corner is the covered garage and, next to it, a first service room to which O'Gorman himself added a second, with a curved corner. (Behind both of these there is a service patio, and closing out the back of the lot a second patio separated by a cactus hedge. This is where the only new element of the ensemble is to be constructed: the museographical workshop designed by Toyo Ito.) The innovation just mentioned consists of the ceilings of the garage and two service rooms, made of hollow pressed-clay coffers set between slender concrete ribs. This grid would reappear in the houses of Diego and Frida and constituted a first, at least in Mexico, in terms of a structure with a minimum of concrete and extreme lightness. The clay, on the other hand, recalls artisanal construction.

THE RECOVERY OF JUAN O'GORMAN'S HOUSE OF 1929

I have quoted O'Gorman's words about the alterations undergone by the construction when ownership changed hands. By the middle of 2012 it was completely unrecognizable: the spiral stair had disappeared, along with the largest studio window, among other things. A newly constructed area, as large as the original house, extended south as far as the edge of the lot bordering the houses of Diego and Frida. The piled-stone walls no longer existed. The first step was to eliminate the additions. Meanwhile, a restoration plan was drawn up, even as probes were performed on all the original floors and walls in search of information about their original state. O'Gorman himself had modified the original plans in order to incorporate some of the modifications that the first tenants requested and these required a painstaking analysis. The archaeology of modern architecture helped to clear away doubts and correct suppositions. Also helpful were seven or eight photographs of the house as it was when just finished. Finally, the experience acquired in 1995-1996 in the course of restoring the houses of Diego and Frida provided essential orientation.

Construction regulations demanded, still today as in those years, that the structures of all the houses be significantly reinforced. That of Palmas 81 was particularly deficient and a cause for real concern. As in the previous restorations, the greater part of the budget and time of the 2012-2013 project was invested in a very complex restructuring. New foundations were laid in many places and all of the isolated supports, as well as a large number of reinforced concrete elements integrated into the walls were further strengthened with considerable amounts of steel, without their original dimensions being altered. All of the interior walls that had disappeared, as well as some of those still existing, were fully rebuilt with concrete in order to reinforce the structure even more. The original finishes and colors of the walls, floors, and ceiling were restored. The side windows of the studio were removed, repaired, and reinstalled, as were the windows of the east façade. The large studio window, looking west, had disappeared: it was fabricated anew on the basis of photographs and in line with the model of the side windows.

The restoration of the exterior required eliminating the fences both along the street side and alongside the houses of Diego and Frida, replacing them with the original cacti (as well as along the northern edge of the lot). The piled-stone walls and original landscaping were restored, after enormous quantities of weeds and a couple of dead trees were removed. According to photographs, the exterior surface area was originally tamped earth, as also in the neighboring lot where the houses of Diego and Frida are located. In the restoration, gravel and sand were used for both properties, as a clean equivalent that would drain off moisture into the subsoil.

In this aspect, that of the exterior space, it is difficult to imagine the magnitude of the change produced: today it is possible to see a unified group, as it was originally, made up of the volumes constructed on two neighboring lots. In the original plans there is even a line indicating an exterior stairway that communicated the two lots. This has been fabricated in stone in the appropriate place.

The original bathrooms (two of them, almost identical) were fairly complete and only the original finishes needed to be restored, along with a replica of the original faucet. As in the kitchen, the original mechanisms used to open and close the windows have been restored.

A special problem was posed by the discovery of traces of the mural O'Gorman painted in 1948 in the dining room, entitled *Between Philosophy and Science There Is Quite a Difference*. When the house was sold in 1968 the mural was detached from the wall and framed. On the wall, there remained the underlying layer of the outline according to which the mural was executed, with the pictorial "tasks" clearly indicated, although hidden under a layer of plaster. We discovered these traces while looking for the original colors of the interior walls. They were cleaned, retouched, consolidated, and fixed, as a testimony to O'Gorman's other artistic activity. The recovery of these traces also involved a modification of the restructuring strategy for the east façade of the house, so that the mural area nearby would not be damaged. Structural reinforcement was finally provided in the form of soldered metallic props, which are barely visible, for the horizontal and vertical elements of the fenestration.

The house was left without running water, in order to avoid the risk of moisture or humidity, as previously in the houses of Diego and Frida. And as in those houses, the original electrical installations were redone, but only apparently: no power actually runs through the cables. All necessary lighting is provided by freestanding floor lamps, but it should be remembered that the museum is in operation only during daylight hours.

THE HOUSES OF 1929-1931 AND 1931-1932 IN THE CONTEXT OF JUAN O'GORMAN'S FIRST PERIOD

It must not be thought that the house of 1929-1931 and those built for Frida and Diego, of 1931-1932, were the only residences designed by Juan O'Gorman in his early years as an architect. On the Calle de Jardín, which runs immediately parallel to what was then Palmas (now Diego Rivera), he built a house in 1931 for his brother Edmundo at number 108 and, in 1933, at number 88, another for himself, on a lot purchased in 1930.[62] In his autobiography he mentions the visit of Narciso Bassols, Secretary of Education at the time, to the construction site of the houses for Diego and Frida.[63] This would result in a commission, on the recommendation of Diego Rivera, to build twenty-three schools in the Federal District between 1932 and 1934,[64] as well as the Escuela Técnica Industrial (1933),[65] doubtless one of O'Gorman's most important works. Through Bassols he met the astronomer Luis Enrique Erro, for whom he made a house with a little observatory on the Calle de Pilares in 1933-1934.[66] He commissioned a mural from Julio Castellanos for the Escuela Melchor Ocampo in Coyoacán before building his house on a dead-end street off Avenida Colonia del Valle in 1934.[67] For Francisco Bassols, the brother of the Secretary of Education, he designed a house on Avenida Nuevo León in 1935,[68] as well as a small apartment house for the American publisher Frances Toor on the Calle de Manchester in 1932.[69] O'Gorman himself gives this account:

> In the period between 1932 and 1935, when I was employed at the Secretaría de Educación Pública, I constructed several residences, adhering to the same functional concept of architecture. The main residences were: an apartment house for Mrs. Frances Toor, who published a very important review entitled *Mexican Folkways*, to which all the intellectuals of Mexico contributed, devoted to folk art, archaeology, and the new artistic trends of the day. The house consisted of several duplex apartments and the residence of Mrs. Toor.
>
> I also built a house for Luis Enrique Erro in which an astronomical observatory was installed. Another for Ing. Vallejo, assistant director of the Department of Technical Training, and yet another for Sr. Sotomayor. I also designed and built a residence for Dr. Francisco Bassols and his family. For my friend the writer Manuel Toussaint I built a house in the Colonia Del Valle. Likewise, for Julio Castellanos I made a little house with a studio in the same neighborhood. I made a little residence for myself in San Ángel Inn, at Calle de Jardín number 88, where I now live, behind the San Ángel Inn restaurant. I built this house in 1933, on a lot purchased from Sr. Alazraki, for which I paid around one peso per square meter....
>
> In 1934 I designed and constructed the Cinematographers' Trade Union building, commissioned by the Confederación de Trabajadores de México (CTM), of which Vicente Lombardo Toledano was general secretary at the time.[70]

The pioneering works in the history of architecture do not always survive. One need only cite Ludwig Mies van der Rohe's Barcelona Pavilion, also of 1929, which was demolished a year later and reconstructed (not restored, because nothing remained of the original) in the 1980s by Fernando Ramos. We are particularly fortunate, therefore, to have this foundational work of a fundamental period in Mexican architecture still with us. And to have it accompany, moreover, the studio-houses of Diego Rivera and Frida Kahlo. One can only be grateful for the circumstances that kept it standing for eighty-three years, with few losses, and for the fact that the Mexican government –the Congress and the Instituto Nacional de Bellas Artes– has acquired and restored it.

62 Aja, "Juan O'Gorman," pp. 19 and 23.

63 O'Gorman, *Autobiografía*, pp. 110-111.

64 Ibid., p. 114.

65 Aja, "Juan O'Gorman," pp. 19 and 35.

66 Ibid., pp. 19 and 37.

67 Ibid., pp. 19 and 39.

68 Ibid., pp. 19 and 39.

69 Ibid., pp. 19 and 24.

70 O'Gorman, *Autobiografía*, pp. 121-122.

Páginas siguientes:
Esther y Ernest Born, *The New Architecture in Mexico,* número especial de *The Architectural Record,* 1937. Colección Ramón López Quiroga.

Following pages:
Esther and Ernest Born, The New Architecture in Mexico, *special issue of* The Architectural Record, *1937. Ramón López Quiroga Collection.*

THE NEW ARCHITECTURE IN

MEXICO

me to be a matter of the greatest importance and interest. It shows that this architecture, having grown out of the need to meet new social problems, finds its most congenial atmosphere and its healthiest growth in this social application. We find that where it has been taken up by the wealthier classes, where the urgency of its social function is lessened, where the astringent action of necessary economy and high utility is somewhat diluted, the quality of the work falls off and confusion in purpose and execution begins to show. An essential clarity and seriousness is lost and we begin to develop a new style—"modernistic" has made its appearance.

If, then, it has been the case that this architecture is so eminently a popular and indigenous affair, if even its misuse seems to emphasize its real nature, how is it that it has encountered so much opposition as to be virtually prohibited in all but the newer sections of Mexico City? This opposition is principally due, I am convinced, to a reactionary group who have consistently and loudly opposed every move of innovation or progress in the last two decades, ranging from the agrarian reforms to the music and conducting of Carlos Chavez. Their active dislike of any architecture more recent than colonial is only to be expected. Their playing upon a bogus nationalism and mistaken concern for native tradition has been successful in taking in tow, in this case, influential followers who are honestly confused. But this success, such as it has been, is in part due to certain mistakes of the architects of the functional school themselves.

One of these errors was brought up recently in a conversation with an active member of this group, whose knowledge of the history and background of Mexican architecture is unusually broad, and whose work is of the best being done. Briefly, his idea was that in some degree he and his colleagues merited the attacks leveled at them in that they had failed to adapt themselves sufficiently to local conditions—climate, materials, ways of living and so forth. They had done building that might have been put up almost anywhere in the world. This fault, if it does exist, is by no means a glaring one. The problems met by these men are to a large extent universal—school children, for example, have much the same needs in Mexico that they have in Europe. The question raised is one that I have neither the detailed knowledge nor the space to deal with. It is sufficient to say that the correction of the fault would certainly lie in the direction of continued study and work, and by no flight of the imagination in a return to neo-colonial or pre-Cortés forms.

A greater mistake, I think, on the part of these architects is their failure to organize themselves into a definite group with a program of education which would clear up much of the misapprehension about their work, and would do much to gain them more of a popular following. For the present Cardenas regime is evidently quite sincere in its determination to continue as a democratic, popular government, and would undoubtedly respond to more widespread interest and understanding in this matter.

The confusion that now impedes lies essentially in the idea that forms of building evolved for an earlier and different society are the only ones truly Mexican. The fact that these forms themselves were imported partly from without, some of them with very little native adaptation, is ignored. It is necessary to make clear that a truly native Mexican architecture is that architecture which best meets the peculiar problems of Mexico and the Mexican people. In this sense the neo-colonial or pre-Cortés forms are, for the purposes of contemporary construction, less native, less Mexican, than the uncompromising schools of Juan O'Gorman or Enrique de la Mora. These obvious truths are nothing new in Mexic but the architects and those interested in this new an important work must realize that they do not propaga themselves automatically, nor even by the example c building activity itself.

In view of all that has been said let us look around t see how things stand at the present. What do we fin to indicate progress or stagnation for the near future In general I think we may conclude that we may look fc continued activity in this field where such a magnificer start has been made.

In the first place there is the prospect that outsid interest attracted by this work may have a favorable effec on some who are now indifferent or more or less hostil This we can only judge in the future. The best hope i that it will spur defense and activity where it is needed— within Mexico, for it is there that the first and last wor is to be said.

Another factor of more importance is that the growin and powerful labor movement in Mexico, headed by th Confederacion de Trabajadores Mexicanos, is turning t the modern school for the construction of its headquarter and halls. In the last few months projects for the Unio of Electricians, for the Cinema Workers, and for the ger eral headquarters of the CTM have all been given t members of this school. The central organ of the CTM has taken up, also, the theoretical defense of moder architecture. This, I think, is of the greatest importance Not only does it afford an ideal field for this work, bu these developments may definitely influence the policy c the government, closely allied as it is with the labo movement, particularly the CTM.

And, of course, the importance of the School of Cor struction, founded by Juan O'Gorman under Bassols, th Secretary of Public Instruction, in 1932, cannot be over emphasized. This school treats building constructio entirely as a branch of engineering, and while its curricu lum is somewhat one-sided, will begin to contribute tre mendously to the vigor of the movement when it begins t turn out graduates in the next year or so. Its publicatio Edificacion, while not popular enough to have any ver wide influence, has been including valuable articles.

There is the possibility that opposition in and aroun Mexico may force some architects to take up work in th outlying districts. Here the necessity of utilizing loca materials, the closer contact with actual Mexican life tha is the case in the cosmopolitan center, will undoubtedl have a healthy effect on the work done. There are prc foundly stimulating problems to be solved, such as lepe colonies, penitentiaries built for the purpose of rehabilita tion rather than punishment, agrarian and cooperativ centers, and so forth.

Another possible source of aid and abetment may b that of such recent developments as the Mexican Popula Front. This movement includes groups organized aroun cultural issues as well as those economic and political, an should be quick to realize that this matter of architectur is a very definite concern of the people. The architect must realize that their ideas need fighting for in thes times, as do those of all sincere people interested i progress. They have work to offer that is of tremendou importance to Mexico, work that can afford inspiratio and knowledge to the United States as well, and this wor is dependent as much on education and propaganda as i is on the soundness and integrity of the building itsel Let us hope that the efforts of Sánchez Fogarty, c Legarreta and O'Gorman will continue on the more soli basis of an organized group of architects with a clear prc gram of their place and purposes in the social growth c Mexico.

JUAN O'GORMAN

Born in Coyoacan, D. F., in 1905. 1922-1926, studied academy architecture in the University of Mexico. Also worked as draftsman and construction supervisor in various offices including those of Carlos Contreras, Carlos Tarditi, and Villagrán García. 1927, built his first house and was employed in the office of Carlos Santacilia on important government buildings. 1928, worked in the office of Mr. Obregon as chief draftsman. While there he painted frescoes in various pulque saloons. 1929-1931, while working in the same office, built five private dwellings including the house and studio for Diego Rivera. 1932-1935, under the Secretary of Public Education, Marciso Bassols, aided in the establishment of a new technical school of architecture on a strictly functional basic and became one of the instructors there. 1936, formed a group of nine young architects to study the problem of housing for workers.

SCHOOL OF INDUSTRIAL TECHNICS, CALLE TRESGUERRAS

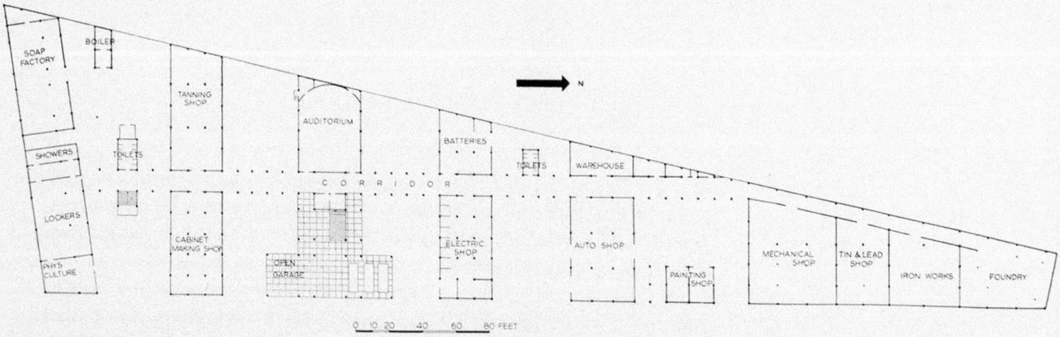

PLAN AT GROUND LEVEL

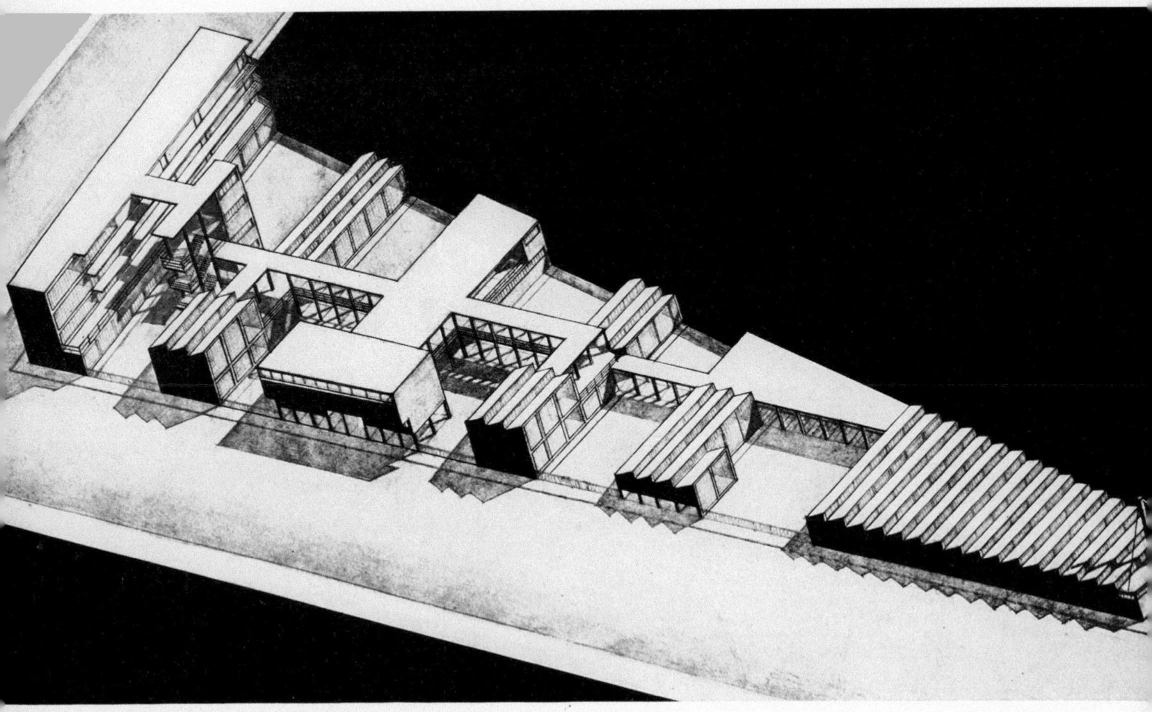

ISOMETRIC PERSPECTIVE STUDY OF SCHOOL

Education and re-education of the masses is the backbone of any truly* progressive government, as progress is understood in Mexico. This school is a brilliant example of what the best minds in Mexico are working toward in the solution of the educational plant. Juan O'Gorman has been no negligible factor in the development of these ideas. Working closely with educators, he planned and built some hundred and fifty primary schools for the government during the past few years. His theories and practical solutions have largely been adopted by officials, and have become the keynote of the Mexican school building program of today: "Many schools —inexpensive schools—at once, Mexico needs."

The practical part of this solution, so far as O'Gorman is concerned, lies in complete elimination of all nonessentials. Superfluous plaster does not cover the skeleton of the concrete forms, interiors are finished just so far as needed. The resultant structure, stripped for action, brings harmony out of the rigid restriction of economy through excellent organization of the plan as a whole.

One of the crying needs of a primarily agricultural country developing its industrial resources is the training of technicians. The trade school, here exemplified, is an important factor for this purpose. First of its kind in Mexico, this school will serve as a model for others to be built with government funds throughout the Republic in the future.

*See "Peace by Revolution," by Frank Tannenbaum

NO FRILLS, NO FUSS, NO FEATHERS

1

2

3

Providing day classes for boys from the age of twelve, and night classes for adults, this school is the first trade school in Mexico. Elementary technology of the more important trades such as plumbing, foundry and machine work, carpentry, and electrical work is given, with mathematics, geometry, drawing and languages. Instruction is free, with many scholarships provided by the government. Teachers in the workshops are master craftsmen, selected by competition. The same method of selection applies to architects, engineers, etc. Students are largely the children of workers.

1 VIEW FROM UPPER COURTYARD

2 VIEW OF UPPER DECK

3 VIEW OF UPPER CORRIDOR

HOUSE FOR CECIL O'GORMAN, SAN ANGEL, D. F.

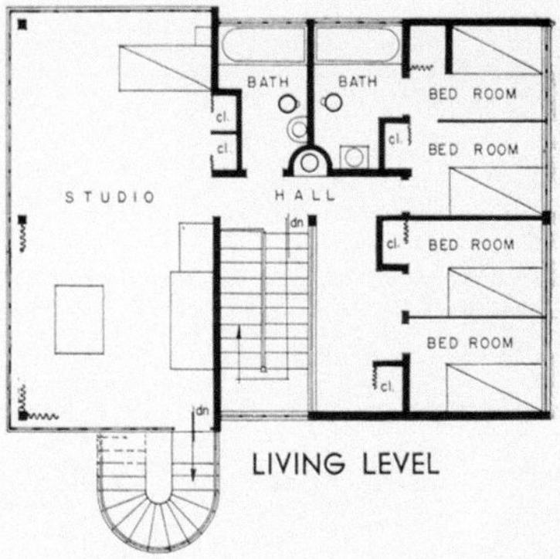

LIVING LEVEL

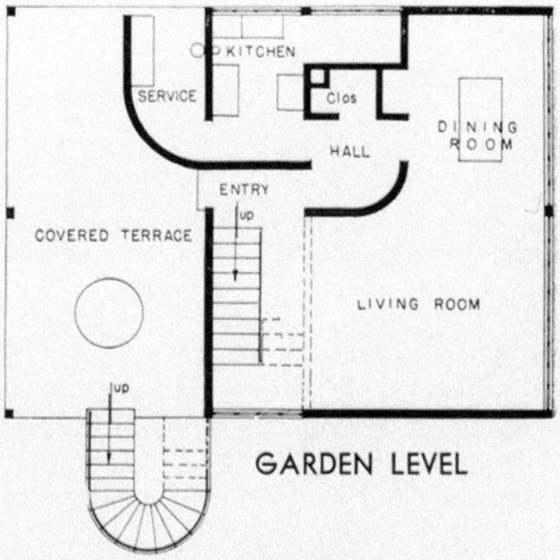

GARDEN LEVEL

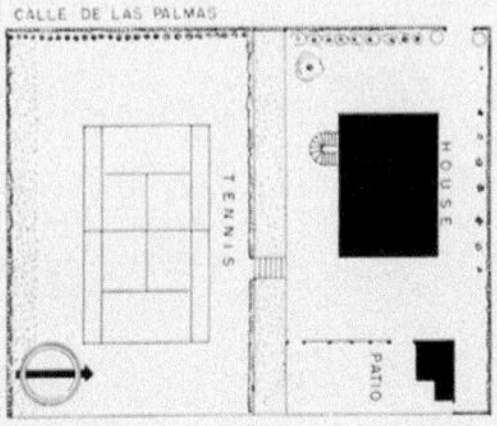

PLOT PLAN

Noted as the first "purely functional" house in Mexico, it is large enough to accommodate five people. Living room, kitchen, pantry and dining room on first floor. Large studio with two beds and separate entrance on second floor. Two bedrooms and two bathrooms on second floor. Servants' quarters and garage for one motorcar. Studio can be turned into two bedrooms, each with an independent entrance.

Exterior walls painted in rose, cement gray, red brown and yellow brown. Located next to house of Diego Rivera.

HOUSE AND STUDIO OF FRANCES TOOR, MEXICO CIT

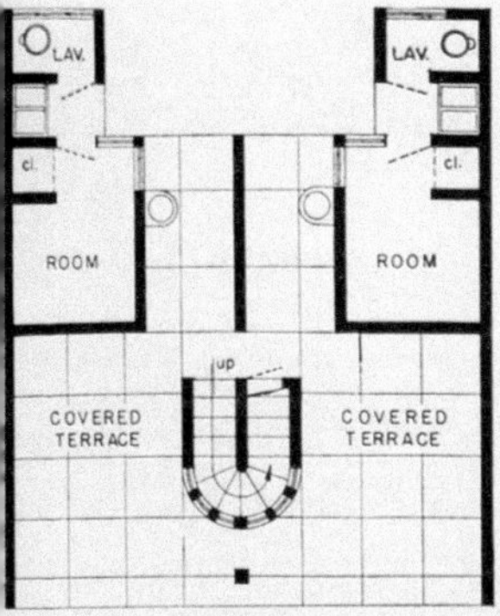

GROUND FLOOR

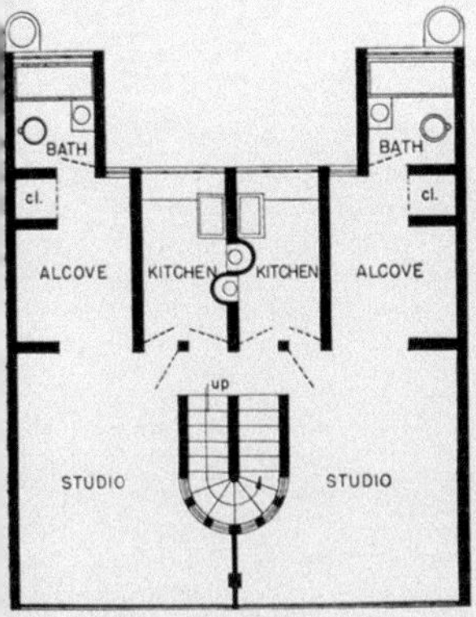

FIRST FLOOR

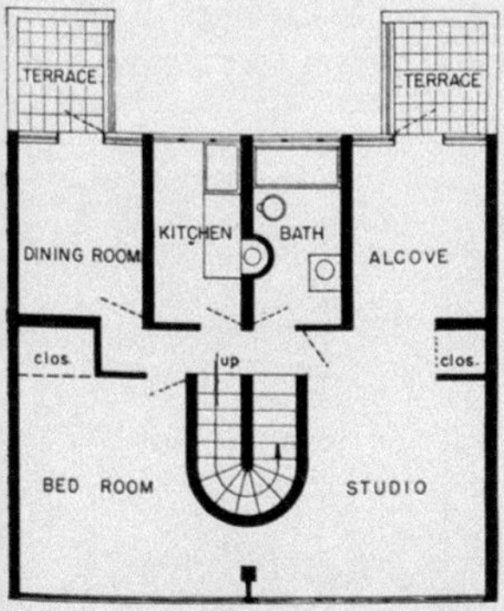

SECOND FLOOR

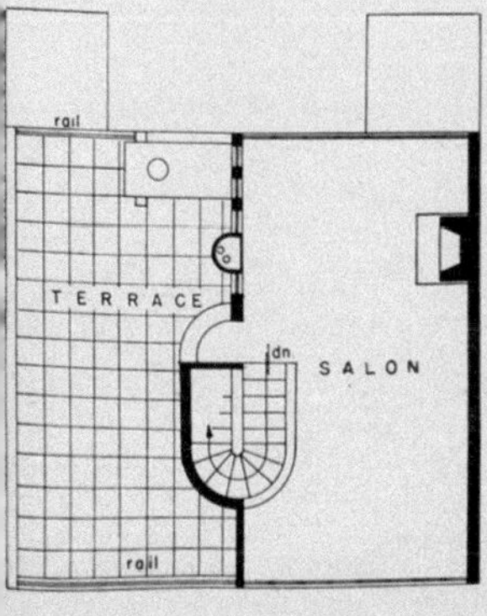

THIRD FLOOR

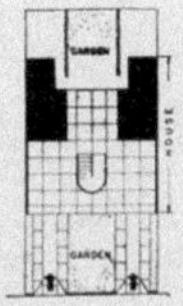

Author of a well-known guide to Mexico, editor of "Mexican Folkways," collector of the work of the younger Mexican painters, Frances Toor required a business place at once adequate and informal.

Two small studio apartments for rent, each consisting of a living and bedroom, bathroom and kitchen. One larger apartment with living and bedroom, studio office, bathroom, kitchen and one small bedroom. One large room for exhibiting pictures, books and pamphlets.

Under the house a shade garden with capacity for two motorcars. A small garden and two servants' rooms, laundry and a small patio for service.

Exterior walls are painted deep blue and Venetian red. All steel painted in vermilion.

STUDIO OF DIEGO RIVERA, JUAN O'GORMAN, ARCHITECT

STUDIO

Showroom for private collection of ancient pre-Cortés sculpture and painting. Four guest bedrooms and two bathrooms. One large studio. A workshop with space for the exhibition of small pieces of ancient sculpture. On the ground plan, a shade garden in which large pieces of sculpture can be placed and space for car.

SMALL HOUSE:

Living room, kitchen, bedroom, bathroom and a studio which can become two bedrooms, if necessary, with free entrance to each. Garage and laundry. Exterior walls painted bright blue, rose and deep earth red. All steelwork in orange vermilion.

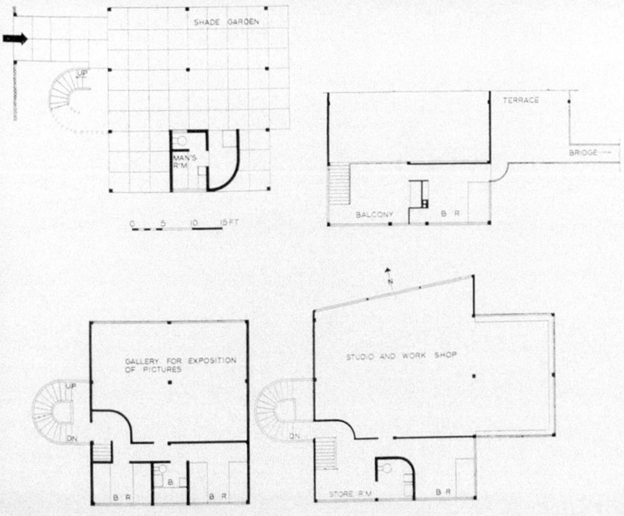

PLANS

HOUSE FOR JULIO CASTELLANOS, MEXICO, D. F.

JUAN O'GORMAN, ARCHITECT

CONSTRUCTION:

Reinforced poured concrete.

Small private house with garden; studio, bedroom, bathroom, kitchen and a dining room which can be used as a living room. The shade garden under part of the house can be used as garage for one car.

Studio for painting and drafting. One wall of the studio is used for the exhibition of pictures.

EL PRODIGIO DE LA VANGUARDIA

3

Toyo Ito

Y LA PUREZA

LAS CASAS DE DIEGO RIVERA Y FRIDA KAHLO Y LA CASA DEL ARQUITECTO JUAN O'GORMAN[1]

1
El texto de Toyo Ito que aquí se publica fue escrito por su autor expresamente para este libro. Recoge en él sus impresiones sobre dos de las visitas que ha hecho –la primera en mayo de 1997 y en junio de 2013 la última (con otras en 1998 y 2005)– a las casas de Juan O'Gorman en San Ángel Inn. Recoge igualmente sus reflexiones durante esos momentos, y los posteriores, sobre el arquitecto y pintor mexicano. Muestra de la profundidad de su interés por O'Gorman está en su iniciativa, poco después de su primera visita, de producir en Tokio la primera exposición realizada en cualquier lugar sobre la arquitectura de Juan O'Gorman. A lo largo de diez meses localizó materiales e información que permitiese ofrecer al público japonés una imagen completa del artista que tanto lo había impresionado. La exposición se inauguró en abril de 1998 en el Museo Watari de Tokio, acompañada de una edición de la revista *SD* con un texto suyo y una entrevista a Víctor Jiménez, también por él, sobre la vida y la obra del creador mexicano.

Retoma ahora Ito parte de su primer escrito, enriquecido con nuevas ideas, e incorpora una parte dedicada a la primera casa moderna proyectada y construida por O'Gorman antes que las de Diego Rivera y Frida Kahlo, que sirvió al joven arquitecto para convencer a Rivera de edificar las que ocuparían él y su esposa. La relación de Ito con Juan O'Gorman no es, por tanto, ni reciente ni circunstancial, y su propia obra arquitectónica ofrece en algunos momentos aproximaciones a la del mexicano.

V. J.

Hace aproximadamente 15 años, cuando estaba de visita en la ciudad de México para dar unas conferencias y talleres como parte de un grupo de arquitectos japoneses, el arquitecto Víctor Jiménez, director de Arquitectura del Instituto Nacional de Bellas Artes, nos ofreció la oportunidad de visitar una casa el día previo a nuestro regreso al Japón. Esta casa, situada en la zona residencial de San Ángel, está rodeada de grandes árboles pese a estar a poca distancia del centro de la ciudad.

Cuando bajábamos del coche sólo sabíamos que ésta era la casa de la pareja formada por Frida Kahlo y Diego Rivera, dos pintores emblemáticos del país. Pero una vez que abandonamos el coche, bajo un cielo azul profundo de mayo, nos vimos, sorprendidos, ante una obra de arquitectura salida del Movimiento Moderno y de una pureza inimaginable. En primer lugar, detrás de una cerca formada por cactos de altura similar a la de una persona, saltaba a la vista un cubo de color azul marino vivo. Era un volumen sencillo y cúbico casi perfecto, teñido de un azul resplandeciente y fascinante, que estaba ahí, flotando en el aire, sobre unos *pilotis*. Pero luego llamó mi atención un volumen ligeramente más grande situado a la izquierda. Éste era también un volumen puro que flotaba del mismo modo, sostenido por *pilotis* muy esbeltos. Sin embargo, a diferencia del anterior, sus caras estaban pintadas algunas de blanco y otras de rojo indio. Los muros pintados de un rojo moreno, que recordaban la tierra roja de México, contrastaban con fuerza frente al azul marino. Y por su lado derecho se extendía un elemento hacia el pequeño volumen azul, con el que quedaba conectado por un pequeño puente. Parecía expresar que el gran volumen rojo estuviese extendiendo la mano.

Cuando me enteré de que el volumen rojo contenía la residencia y el estudio de Rivera, y que el volumen azul era la casa y el estudio de Kahlo, no pude evitar ver plasmadas en estos dos volúmenes las figuras de esas dos personas. Veía cómo el cuerpo grande y gordo de Rivera posaba su mano sobre el hombro de la pequeña pero siempre firme Frida. Las casas fueron construidas de manera muy clara como un espacio que simboliza la independencia de sus vidas y de sus espacios de trabajo, fuera de su relación como matrimonio. Una relación con un drama reiterado de amor-odio, generoso y complejo, que posiblemente no podamos llegar a imaginar, y que se ha congelado aquí como un resumen gráfico, abstracto, tras ser pulido con un cuchillo afilado.

Ángulo suroeste de la casa-estudio de Diego Rivera. Fotografía de Arturo Osorno, 1996.
Southeastern corner of the Diego Rivera studio-house. Photograph by Arturo Osorno, 1996.

Al cruzar hacia el interior del cerco de cactos, dejando atrás los dos volúmenes que habíamos observado desde el exterior, apareció un tercer volumen pequeño. Era el estudio de trabajo del fotógrafo Guillermo Kahlo, padre de Frida. Estas casas, construidas en 1931-1932, acababan de ser restauradas bajo la supervisión de quien nos había traído aquí, el arquitecto Víctor Jiménez. Dejándonos guiar por él atravesamos el espacio de los *pilotis*, accedimos a la casa de Kahlo, pasamos por el puente situado en la cubierta y experimentamos el espacio interior del estudio de Rivera. Cada paso dado durante aquella visita confirmaba la impresión de pureza que percibí desde el exterior. Mirase donde mirase, en esta casa no había lugar donde no se hubiese tenido en cuenta la eficiencia económica y la funcionalidad.

Tanto en la disposición de las plantas de cada volumen como en el sistema de estructuración que las conformaba, así como en los detalles de los vanos, puertas y/o marcos de ventanas, e igualmente en cada sistema de instalaciones, se podía observar la búsqueda de la racionalidad más profunda. Para comenzar, frente a una modulación estricta (el edificio de Rivera cumple con la modulación de 4 por 3 metros, y el de Kahlo es de 3 por 3 metros), de acuerdo con unas distribuciones en planta muy simples, sólo se genera una excepción en la modulación cuando se trata de las tres escaleras sobresalientes del exterior y en la gran abertura del taller de Rivera. Posiblemente el gran ventanal del voladizo de planta triangular fue determinado al buscar tanto la mejor iluminación como las vistas desde el interior.

Tres tragaluces dentados en la parte superior del estudio de Rivera proporcionan una tenue luz natural al espacio del taller. Si nos fijamos en las pinturas que al parecer realizó Rivera ahí, o en las fotos tomadas cuando pintaba modelos femeninos en este estudio, podemos observar que el espacio está lleno de diversos objetos: plantas, muebles, judas (muñecos de cartón engomado) y antiguas figuras mexicanas de barro se encuentran inmersos entre el cuerpo del pintor y el de las modelos. Me sorprendió que el espacio del gran estudio se hubiese resuelto mediante unas columnas de concreto tan esbeltas y apenas unos pocos muros. Me impresionó la belleza tan simple del entramado reticular de la cubierta, obtenido mediante una cuadrícula de concreto de unos 28 centímetros de lado, complementado con ladrillos especiales y de secciones mínimas. Además, suspendido de estas losas quedaba a la vista el cableado eléctrico que constituía todas las instalaciones de iluminación, cruzando de forma sencilla aquella habitación con grandes cerramientos de cristal.

Los desagües pluviales, el vaciado de los desechos de la cocina y todos los elementos de las instalaciones están expuestos notoriamente, y podemos percibir que se ha pensado y explorado a fondo todo lo relativo a la eficiencia económica y la funcionalidad de estos elementos, al igual que el fregadero de la cocina, el lavamanos del cuarto de baño, los grifos, la ducha y hasta las cerraduras de las puertas: todo está lleno de una belleza extremadamente simple. Podríamos considerar que en el dominio de la simplicidad y la

A la izquierda, la casa-estudio de Frida Kahlo; a la derecha el laboratorio fotográfico; al fondo, la casa-estudio de Diego Rivera. Fotografía de Arturo Osorno, 1996.
To the left, the studio-house of Frida Kahlo; to the right, the photo darkroom; in the background, the Diego Rivera studio-house. Photograph by Arturo Osorno, 1996.

belleza estamos ante algo comparable a las casas del primer período de Le Corbusier e, incluso, tal vez se podría decir que aquí se supera a Le Corbusier en cuanto al rigor de la simplicidad.

Durante la visita fui asimilando ese espacio y me sumergí en la agradable sensación que produce una obra creada a partir de un razonamiento muy claro. Fue una experiencia que removió mi impresión sobre la tierra de México. Antes de la visita a este lugar tenía la imagen muy fuerte de un país lleno de alegría eufórica y de una energía primitiva, y no asocié en ningún momento conceptos como el orden o lo estricto con México. Pensaba que pese a poseer una riqueza excesiva e inconmensurable, no era un lugar donde se podían llegar a aplicar de esta manera el rigor y la delicadeza.

El primer momento en que comencé a sentirme atraído por México fue cuando vi en un programa de televisión una iglesia cuya decoración de origen ancestral inundaba todo su espacio interior. Esto se debía a que cuando los españoles llegaron a esta tierra destruyeron las pirámides y sobre éstas construyeron aquellas iglesias, con las manos de los artesanos indígenas. En algunas de ellas se colocaron figuras de una María morena y de un Jesús igualmente moreno con el fin de convertir a los indígenas al catolicismo, y podemos encontrar muchos de esos espacios llenos de tal decoración centenaria. Basta sólo mirar los muros repletos de figuras indígenas y plantas de origen mexicano, con sus colores y acabados rústicos, para sentir una energía que emerge y se comunica con nuestro interior, haciéndonos ver nuestra falta de vitalidad.

De forma que para mí, que visité México en busca de este origen rústico y su fertilidad, el rigor que pude ver en las casas de Rivera y Kahlo era algo que no me esperaba. Por lo tanto, la primera impresión que me produjeron estas casas se resumía en una simple pregunta: "¿Por qué existe, en un lugar como éste, una arquitectura tan pura?". Por otro lado, al conocer el nombre de su autor, Juan O'Gorman, me causó una gran curiosidad al no haber oído su nombre con anterioridad, y más aún al saber que este arquitecto

Ángulo noroeste de la casa-estudio de Frida Kahlo. Fotografía de Arturo Osorno, 1996.
Northwestern corner of the Frida Kahlo studio-house. Photograph by Arturo Osorno, 1996.

Toyo Ito & Associates: Casa W en Inagi, Tokio. 2001-2002.
Toyo Ito & Associates: W house in Inagi, Tokyo. 2001-2002.

Ángulo noroeste de la casa-estudio de Diego Rivera. Fotografía de Arturo Osorno, 1996.
Northwestern corner of the Diego Rivera studio-house. Photograph by Arturo Osorno, 1996.

las había diseñado a la temprana edad de 26 años. Fue entonces cuando sentí, profundamente, que existía una cara de México completamente diferente a la que yo conocía.

Las pinturas de Frida Kahlo y de Diego Rivera sí estaban dentro de mi idea de lo que es "México" desde hace mucho tiempo: las pinturas de Kahlo, donde podemos encontrar figuras hermosas y los sentimientos inherentes a ellas, tan intensos, son fruto de una observación constante de sí misma; o bien los murales de Rivera, donde encontramos una energía abrumadora al haberlos colmado el pintor de fragmentos de la historia y del pueblo de México. Ambas obras se asientan sobre la misma base, al igual que el espacio de la iglesia lo hace sobre la gran energía vital de los indígenas. Se manifiesta así una vitalidad infinita y desbordante, que sobrepasa las contradicciones existentes entre diferentes etnias, religiones e ideologías. Esta vitalidad pone de manifiesto la insuficiencia de la moral como regla para mantener la sociedad.

Sin embargo, el hogar de los dos artistas diseñado por O'Gorman nos muestra un mundo muy diferente. Por supuesto, esto no significa que yo no sienta la energía de la tierra cuando veo los colores brillantes que flotan al otro lado de los cactos, sino que precisamente el encanto de estas viviendas está en la atrevida sensación que producen sus volúmenes.

No obstante, detrás de la sensación de "¿Por qué están estas casas en un lugar como éste?" podemos ver claramente que hay un algo que nos impulsa a pensar en la existencia de lo que no es común en la tierra de México. Estas viviendas nos están revelando una extrañeza, como si en un terreno tan fértil como las iglesias construidas por los indígenas abriésemos una brecha con un puñal e insertásemos un objeto heterogéneo y artificial. Y aunque se pinten de un rojo que recuerde el rojo de la tierra, o de un azul que recuerde el azul del mar, no podemos entenderlas como algo que se integre a toda la gran extensión de esta tierra.

En mi pasado he tenido otra experiencia similar, en la que también sentí la misma extrañeza que cuando vi las casas de Rivera y Kahlo. Fue cuando visité la Casa Curuchet (1949), diseñada por Le Corbusier en los suburbios de Buenos Aires. Se trata de una arquitectura donde hay un conjunto formado por una residencia y una clínica, que se asienta firmemente en el terreno como si estuviera rasgando el tejido urbano existente. Le Corbusier murió sin ver la casa terminada, pero se logró materializarla conforme a sus ideales sobre una nueva forma de vivir.

Lo que aprendí en ambos casos es que cuando el Movimiento Moderno intentaba absorber una tierra nueva, esta arquitectura, a semejanza del terrorismo, no tenía más opción que arrojar un puñal sobre una sociedad llena de tradiciones y costumbres. Estas viviendas de O'Gorman y Le Corbusier nos muestran que el inicio del cambio no se genera nunca poco a poco, mediante una propagación lenta o fundiéndose con lo previo en un solo cuerpo.

En junio de 2013 volví a visitar las casas de Diego Rivera y Frida Kahlo en San Ángel, de nuevo guiado por el señor Jiménez. Y al llegar a las proximidades de estas casas me sorprendió la casa del arquitecto O'Gorman, que había sido restaurada. Me dijeron que fue terminada dos años antes que las de Rivera y Kahlo, lo que significa que O'Gorman tenía 24 años en aquel momento.

La vivienda de dos pisos, cuya planta es rectangular, se configura mediante paredes y pisos planos, a excepción de una escalera que vuela hacia el exterior. Tiene una forma todavía más pura y simple que las casas de Rivera y Kahlo. El espacio limitado por los *pilotis* muestra sus esbeltas columnas de concreto armado; la planta de arriba es libre y tiene grandes aberturas en la fachada. Falta la cubierta jardinada, pero podemos ver aplicado aquí el planteamiento de los cinco puntos de la arquitectura de Le Corbusier.

En esta casa O'Gorman pudo realizar varios experimentos interesantes antes de su floración en las de Rivera y Kahlo. Sin embargo, lo más destacable es el espacio del estudio en el segundo piso, con sus tres fachadas acristaladas. Una de éstas se abre plegándose literalmente como un acordeón, dejando una abertura completamente libre de piso a techo y dándonos la sensación de que estuviésemos al exterior. En una época en que las viviendas sólo podían concebirse a partir de volúmenes cerrados mediante muros, seguramente este espacio totalmente abierto pertenecía a un mundo más allá de lo imaginable y debió ser una gran sorpresa para todos.

También es preciosa la escalera de concreto que vuela en el aire desde un costado de la fachada acristalada. Sin la presencia de un pasamanos, es una escalera que da la vuelta formando una elegante curvatura, y también debió suponer un reto extraordinario para la tecnología de la época. Éste elemento producía desde luego un contraste evidente ante al cerco formado por los cactos y los muretes de piedras redondas que se ven abajo, en el jardín.

En las fachadas pintadas del mismo color café rojizo que la casa de Rivera podemos ver ventanas horizontales corridas a lo ancho, y una parte de esas aberturas está pensada para abrirse hacia fuera mediante detalles muy sencillos y finos, como los que hay en toda la casa.

Me resulta muy curioso y sorprendente que en México pudiese existir tal planteamiento vanguardista en la misma época en que floreció el Movimiento Moderno en Europa, o incluso antes. Y además a manos de un arquitecto veinteañero.

Seguramente el joven brillante que era O'Gorman logró alcanzar la esencia de los principios del Movimiento Moderno arquitectónico durante la edad en que uno es más sensible. Y pretendió una revolución tan directa como la puede pedir el terrorismo, excluyendo el contexto histórico y la región. Pero de forma contraria a sus claras intenciones revolucionarias, O'Gorman no habría podido engañar a su sangre, proveniente de la tierra de México y que corría por todo su cuerpo. Cuando pensamos en la singular vida que tuvo O'Gorman a partir de entonces, no creo que seamos capaces de imaginar cómo hubiese podido salvar el abismo creado por las contradicciones existentes entre su cuerpo y su conciencia. Cada vez que O'Gorman intentaba dar una muestra más de la pureza de su espíritu...

Interior del estudio de Diego Rivera. Fotografía de Arturo Osorno, 1996.
Interior of the Diego Rivera studio-house. Photograph by Arturo Osorno, 1996.

Interior de la casa de Frida Kahlo: sala, comedor y cocina. Fotografía de Arturo Osorno, 1996.
Interior of the Frida Kahlo studio-house: living room, dining room, and kitchen. Photograph by Arturo Osorno, 1996.

3

THE MARVEL OF AVANT-GARDE PURITY

THE STUDIO-HOUSES OF DIEGO RIVERA AND FRIDA KAHLO AND THE HOUSE OF THE ARCHITECT JUAN O'GORMAN[1]

Toyo Ito

1 Toyo Ito wrote the following text specifically for this book. It describes his impressions of two of the visits he made –the first in May of 1997 and the last in June of 2013 (in addition to two others in 1998 and 2005)– to the houses designed by Juan O'Gorman in San Ángel Inn. The text also contains his reflections, as formulated then and later, on the Mexican architect and painter. The depth of Toyo Ito's interest in O'Gorman was reflected in his initiative, shortly after his first visit to Mexico, of organizing in Tokyo the first exhibition devoted anywhere to the architecture of Juan O'Gorman. In the course of ten months he gathered information and materials that allowed him to offer to the Japanese public a complete image of the artist who had made such an impression on him. The exhibition opened in April of 1998 at the Watari Museum in Tokyo, accompanied by an issue of the magazine *SD* with a text by Toyo Ito and an interview he conducted with Víctor Jiménez about the life and work of O'Gorman.

The present text incorporates a part of that first text, enriched with new ideas, and adds a section devoted to the first modern house designed and built by O'Gorman, before the studio-houses for Diego Rivera and Frida Kahlo. Indeed, the young architect used that original house to convince Rivera to allow him to build the houses that he and his wife were to occupy. Toyo Ito's connection with Juan O'Gorman is therefore neither recent nor circumstantial. His own works shows similarities at times to that of the Mexican architect.

V. J.

Some fifteen years ago, when I was visiting Mexico City with a group of Japanese architects to give some lectures and workshops, Víctor Jiménez, then Director of Architecture at the Instituto Nacional de Bellas Artes, invited us to visit a house the day before our return to Japan. The house, located in the residential zone of San Ángel, is surrounded by tall trees, in spite of being not so far from the city center.

When we got out of the car, all we knew was that the house had belonged to the married couple of Frida Kahlo and Diego Rivera, two of Mexico's emblematic painters. But having left the car behind, under a deep blue sky in the month of May, we found ourselves surprised by an architecture that had emerged from the Modern Movement, of an unimaginable purity. First of all, behind a hedge of cacti of about a person's height, a bright navy blue cube sprang into view. It was a simple volume, almost a perfect cube, painted a dazzling, fascinating blue, floating in the air upon its *pilotis*. Then a slightly largely volume to the left attracted my attention: also a pure volume that seemed to float in the air, resting on slender columns. Unlike the first construction, its façades were painted either white or Indian red. The dark red walls, which recalled the very soil of Mexico, struck a sharp contrast with the navy blue. From it, on the right, an element extended toward the smaller blue volume, to which it was connected by a little bridge. It seemed like the larger red volume was reaching out its hand.

When I learned that the red volume was Rivera's residence and studio and the blue volume was Kahlo's house and studio, I could not help seeing those two figures manifested in the volumes. I saw the large, stout body of Rivera, with his hand resting on the shoulder of the small but ever steady figure of Kahlo. The houses were very clearly constructed as a space symbolizing the independence of their lives and their workplaces, apart from their relationship as a married couple. A relationship of constant drama, of love-hate, complex and generous, which we may never be able to imagine; and which has been frozen here in a graphic, abstract summary, after being polished with a sharpened knife.

As one goes inside, past the hedge of cacti, leaving behind the two volumes observed from the outside, a small third volume appears. This was the workroom of Guillermo Kahlo, Frida's father. These houses, built in 1931–1932, had just been restored under the supervision of the person who had brought us there, the architect Víctor Jiménez. Guided by him, we crossed the space of the *pilotis*, entered Kahlo's house, passed over the bridge on the roof, and experienced the interior space of Rivera's studio. Every step of that promenade confirmed the impression of purity I had perceived from the outside. Wherever one looked, there was no place in the house where economic efficiency and functionality had not been taken into account.

Not only in the plan and structural system of each volume, but also in the details of the doors and windows, as well as in the installations, a profound striving after rationality could be perceived. To begin with, the houses are strictly modulated (a 4-x-3-meter modular system in the case of Rivera's house and a 3-x-3-meter one in the case of Kahlo's), in accordance with very simple floor plans. The only exceptions to the modulation are the striking exterior stairways and the great opening of Rivera's workshop. The large cantilevered window with its triangular plan was possibly designed to seek both the best lighting and views from the interior.

Three sawtooth skylights in the upper part of Rivera's studio filter sunlight into the workshop space. In the paintings Rivera seems to have executed in that space, or in the photos taken when he painted female models in the studio, we can see that the space was full of various objects: plants, furniture, *judas* figures (large papier-mâché dolls), and traditional Mexican clay figures are scattered between the body of the painter and that of his model. I was surprised that the great studio space had been resolved by means of such slender concrete columns and just a few walls. I was impressed by the simple beauty of the grid patterning of the ceiling, obtained by means of a concrete grid 28 centimeters square, complemented by special thin bricks. The cables that constituted the entire lighting installations hung exposed to view, crossing the great window panes in simple patterns.

The rain gutters, the garbage disposal apparatus in the kitchen, and all other service installations are clearly visible. It is obvious that everything related to the economic efficiency and functionality of these elements has been fully explored and thought out, just like the sinks in the kitchen and bathroom, the faucets, the shower, and even the door locks: everything is imbued with an extremely simple beauty. It might be said that the mastery of simplicity and beauty demonstrated here is comparable to that of the houses of Le Corbusier's first period, and even superior to Le Corbusier in rigor.

I gradually assimilated the space in the course of my visit, immersing myself in the pleasant sensation produced by a work of such clear rationality. It was an experience that changed my idea of Mexico. Before this visit I had the strong impression of a country full of euphoric joy and primitive energy, but I never associated the concepts of order and strictness with Mexico. I thought that, in spite of its boundless riches, it was not a place where rigor and delicacy could be found in this way.

I first became attracted to Mexico on seeing a television program about a church with primitive decoration flooding the entire interior space. This was the result of the Spaniards having destroyed the ancient pyramids and built churches in their place, using indigenous manpower and artisans. In some of the churches, dark-skinned Christ figures and madonnas were set up in an attempt to convert the indigenous people to Catholicism, and many of these spaces full of primitive decoration of indigenous origin can still be found in Mexico. One has only to look at the walls covered with indigenous figures and Mexican plants, with their colors and rustic plastering, to feel an energy that emerges and touches our inner being, making us aware of our lack of vitality.

So that, for me, who had come to Mexico in search of that rustic origin and its fertility, the rigor I saw in the houses of Rivera and Kahlo was something unexpected. My first impression could therefore be summed up in a simple question: "How did so pure an architecture come to exist in a place like this?" I was very curious about the author, Juan O'Gorman, whose name I had never heard before, and all the more so when I learned that this architect had designed the houses at the early age of twenty-six. It was then that I realized deeply that Mexico had another facet, completely different from the one I knew.

The paintings of Frida Kahlo and of Diego Rivera did form part of my longstanding idea of what "Mexico" was: Kahlo's paintings, in which we find beautiful figurative representations, imbued with intense feeling, are the fruit of her constant observation of herself; Rivera's murals, on the other hand, transmit an overwhelming energy, replete with fragments of the history and people of Mexico. The work of both rests on the same base, just as the space of the church I mentioned above rests on the great élan vital of Mexico's indigenous people. An infinite and overflowing vitality is expressed in all these works, transcending the contradictions existing among different ethnic groups, religions, and ideologies. This vitality demonstrates the insufficiency of morality as a regulating force in society.

Nevertheless, the houses of the two artists designed by O'Gorman show us a very different world. Of course this does not mean that I do not feel the energy of the earth when I see the brilliant colors floating on the other side of the cactus hedge, but rather that the very charm of these dwellings resides in the daring sensation produced by their volumes.

Even so, behind the feeling of "Why are these houses in a place like this?" we can clearly see that there is something that makes us think of an element that is by no means common in Mexico. These houses reveal a strangeness to us, as if the fertile land of the churches built by indigenous craftsmen had been torn open and a heterogeneous and artificial object inserted in it. And although they are painted a red that reminds us of the red of the Mexican earth, or a blue that recalls the blue of the sea, we cannot understand them as something integrated into the full extension of this land.

I once had a similar experience, feeling the same strangeness I perceived in the houses of Rivera and Kahlo. It was when I visited the Curruchet House designed by Le Corbusier in 1949, on the outskirts of Buenos Aires. The construction consists of a group made up of a residence and a clinic, set firmly into the lot as if it were tearing open the existing urban fabric. Le Corbusier never lived to see the house finished, but he managed to design it in line with his ideas about a new way of living.

What I learned in both cases is that, when the Modern Movement attempted to assimilate a new land, this architecture, like a sort of terrorism, had no other option but to tear open a society full of traditions and customs. The houses designed by O'Gorman and Le Corbusier show how change is not generated little by little, through gradual propagation or the fusion into a single body of preexisting elements.

In June 2013 I returned to visit the houses of Diego Rivera and Frida Kahlo in San Ángel Inn, guided again by Víctor Jiménez. As we came near them, I was surprised by the house of the architect O'Gorman, which had been restored. I was told it had been finished two years before the Rivera and Kahlo houses, which meant that O'Gorman was twenty-four years of age at that time.

The two-storey dwelling with its rectangular plan consists of bare walls and floors, except for a winding exterior stairway. Its form is even purer than that of the Rivera and Kahlo houses. The space delimited by the supporting *pilotis* exposes its slender columns of reinforced concrete. There is a free plan on the upper floor, with large openings in the façade. There is no roof garden, but in other respects we can see an application of Le Corbusier's five points of architecture.

O'Gorman was able to perform several interesting experiments in his own house before his talent fully blossomed in those designed for Rivera and Kahlo. The most outstanding achievement is the upper-floor studio, with its three glazed façades. One of these opens literally like an accordion, creating a floor-to-ceiling aperture and generating the sensation of being outside. At a time when houses were conceived solely as volumes enclosed within walls, this completely open space must have been a great surprise, seeming to belong to a world beyond the imaginable.

Also very beautiful is the concrete stairway that winds through the air to one side of the glazed façade. Without a handrail, the stairway curves elegantly upward. It must have been an extraordinary challenge for the technology of the time. It forms a striking contrast to the hedge of cacti and the piled-stone walls to be seen below in the garden.

On the façades, painted the same reddish-brown color as the Rivera studio-house, there are horizontal strip windows. Some of these openings are conceived to open outwards by means of very simple and refined details, characteristic of the entire house.

It is both curious and surprising to me that an avant-garde work of this kind could have existed in Mexico at the same time as, or even before, the Modern Movement flourished in Europe. And carried out, moreover, by an architect in his twenties.

There is no doubt that the brilliant young O'Gorman succeeded in distilling the essence of the principles of the Modern Movement at an age when an artist is most impressionable. And he sought a revolution as direct as any terrorism could demand, if we leave the historical context and the region out of consideration. But in contrast to his clearly revolutionary intentions, O'Gorman was unable to deny the blood running in his veins, which was nourished by the Mexican earth. When we think of O'Gorman's singular subsequent life, it is difficult to imagine how he could have bridged the abyss created by the contradictions between his body and his consciousness. One more example of the purity of his spirit...

CASA O'GORMAN
1929

Fotografías de *Photographs by* Arturo Osorno, 2013

© ALTAVISTA

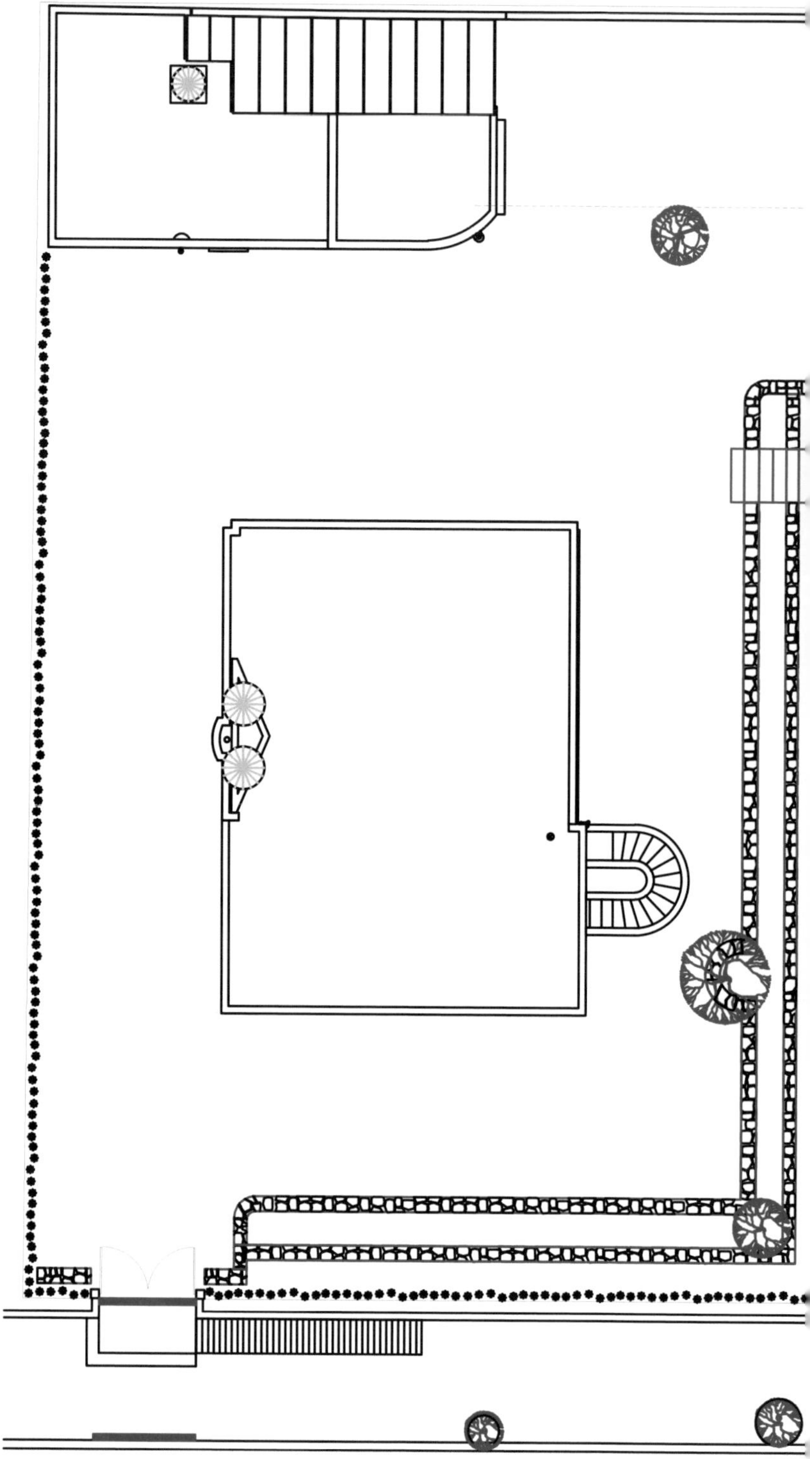

Planta del conjunto arquitectónico de Juan O'Gorman (1929-1932): a la izquierda el terreno y la casa de 1929-1931; a la derecha, el terreno y las casas-estudio de Diego Rivera y Frida Kahlo, de 1931-1932.

General plan of Juan O'Gorman's work (1929-1932): on the left, the lot and 1929-1931 house; on the right, the lot and studio-houses of Diego Rivera and Frida Kahlo, 1931-1932.

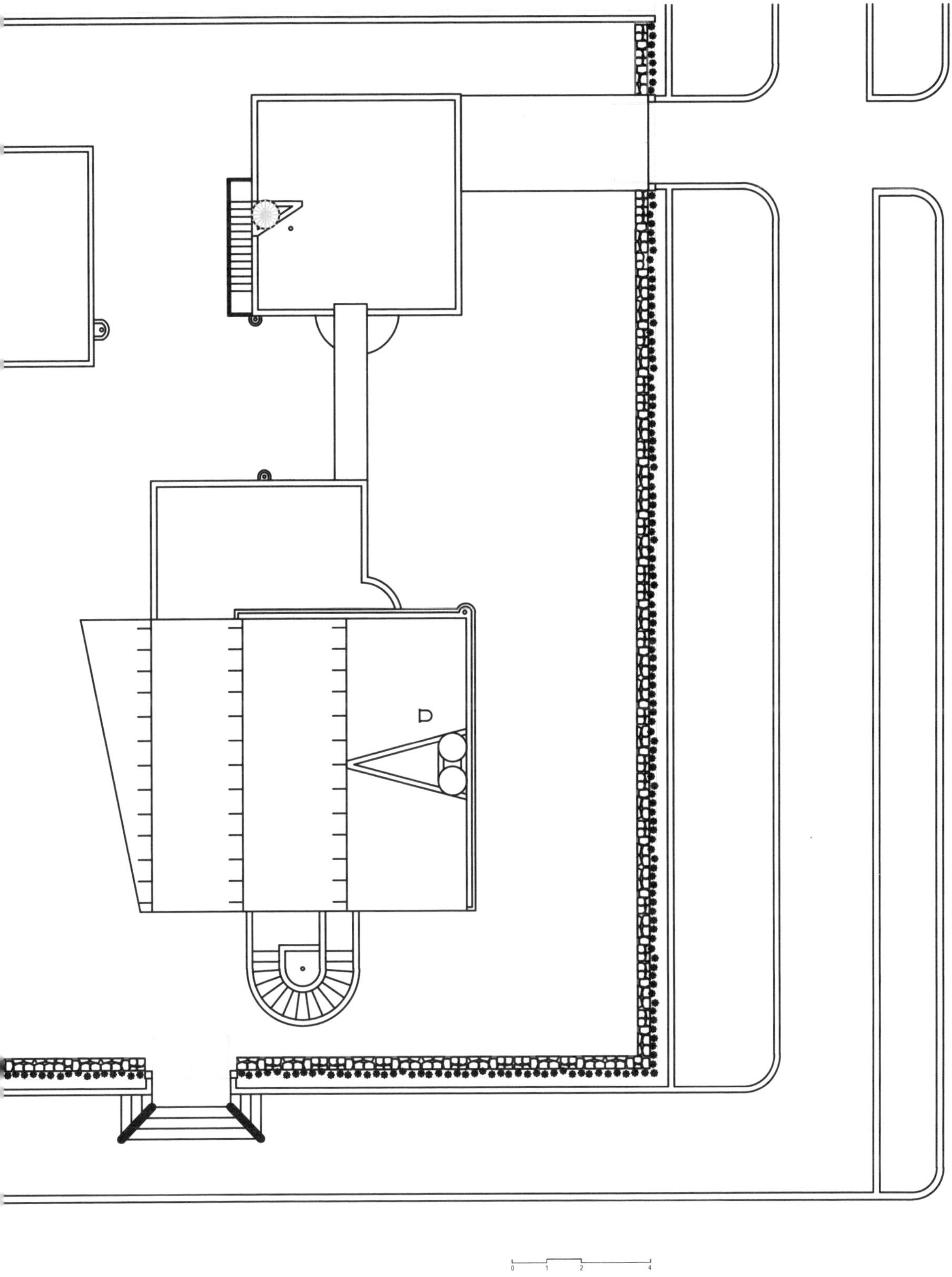
0
1
2
4

Arriba, planta baja de la casa de 1929; al centro, planta alta; abajo, corte por la escalera interior, viendo hacia el este.

Top, ground floor of the 1929 house; middle, upper floor; bottom, section of the interior staircase, view looking east.

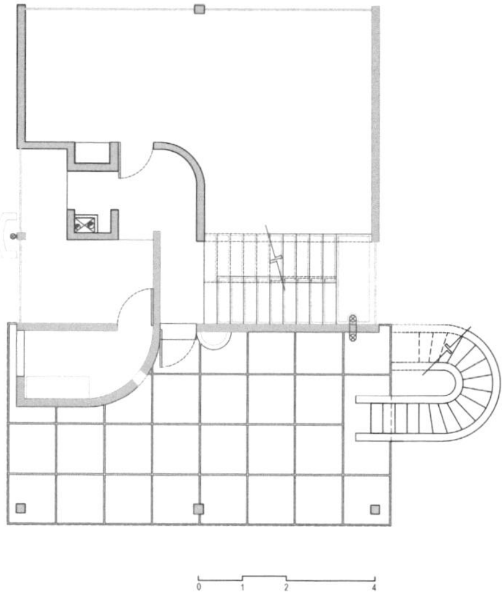

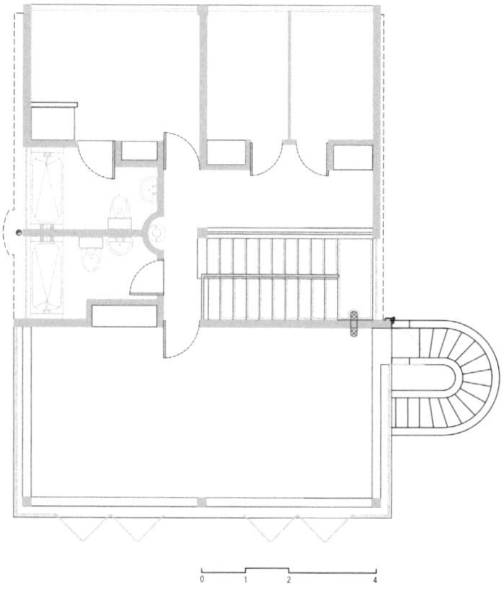

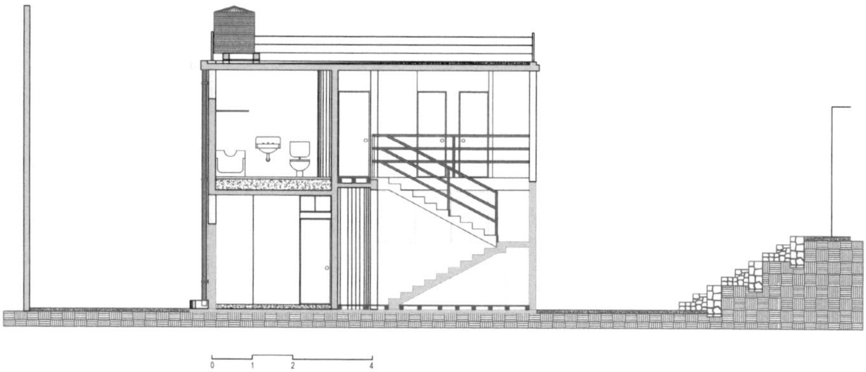

Al centro, corte por los baños y la cocina viendo hacia el norte; abajo, corte por los baños y la cocina, viendo hacia el sur.

Section views of the bathrooms and kitchen, looking north (middle) and south (bottom).

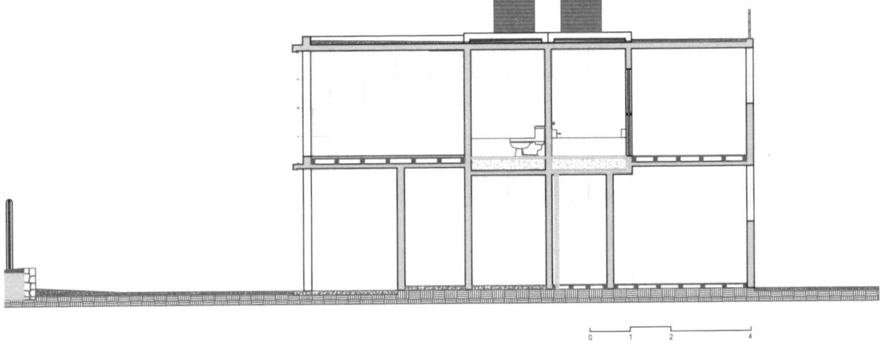

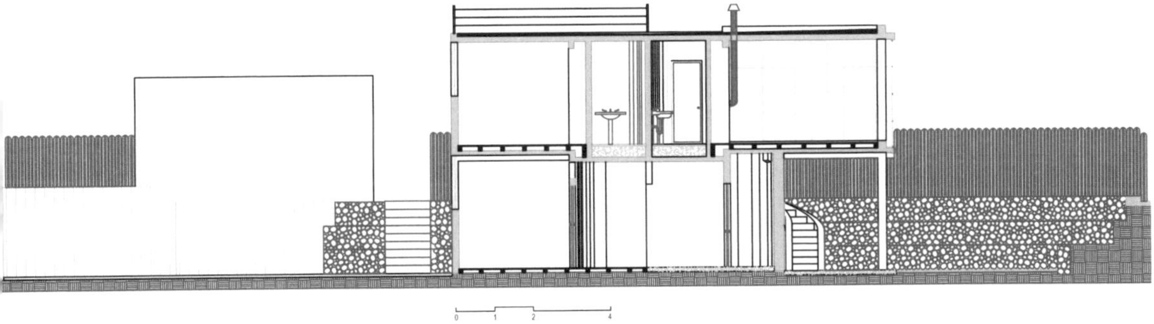

CONSEJO NACIONAL PARA LA CULTURA Y LAS ARTES

Rafael Tovar y de Teresa
Presidente

Saúl Juárez Vega
Secretario Cultural y Artístico

Francisco Cornejo Rodríguez
Secretario Ejecutivo

INSTITUTO NACIONAL DE BELLAS ARTES

María Cristina García Cepeda
Directora general

Xavier Guzmán Urbiola
Subdirector general de Patrimonio Artístico Inmueble

Roberto Perea Cortés
Director de Difusión y Relaciones Públicas

Casa Juan O'Gorman 1929
Primera edición *First edition* 2014

Textos *Texts*
© Xavier Guzmán Urbiola
© Víctor Jiménez
© Toyo Ito

Fotografía *Photographs*
© Instituto Nacional de Bellas Artes y Literatura
© Arturo Osorno (páginas *pages* 80-83, 85, 90-123)

Retratos de *portraits of* Silvia Pinal y *and* Guadalupe Marín por *by* Diego Rivera (página *page* 85)
D.R. © 2014 Banco de México, Fiduciario en el Fideicomiso relativo a los Museos Diego Rivera y Frida Kahlo.
Av. 5 de Mayo No.2, colonia Centro, Del. Cuauhtémoc, 06059, México, D.F.

D.R. © Instituto Nacional de Bellas Artes y Literatura
Reforma y Campo Marte s/n, Col. Chapultepec Polanco, Del. Miguel Hidalgo, C.P. 11560, México, D.F.
www.bellasartes.gob.mx

© 2014, RM Verlag, S.L.
C/Loreto 13-15 Local B
08029, Barcelona, España

© 2014, Editorial RM, S.A. de C.V.
Río Pánuco 141. Col. Cuauhtémoc
06500, México, D.F.

ISBN: 978-607-605-316-4 INBA
ISBN: 978-607-8295-21-0 RM México
ISBN: 978-84-15118-32-9 RM Verlag

#214

www.editorialrm.com

Dirección creativa *Creative director*
Ramón Reverté

Coordinación Editorial *Publication coordination*
Mara Garbuno
Jimena Lascurain

Diseño *Design*
Galera / José Luis Lugo
Andrea Jiménez (asistente, *assistant*)

Traducción *Translation*
Gregory Dechant

Corrección de estilo *Copy editing*
María Teresa González

Preprensa *Prepress*
Agustín Estrada, Araceli Limón

Queda prohibida la reproducción parcial o total, directa o indirecta del contenido de la presente obra, sin contar previamente con la autorización expresa y por escrito de los editores.

The reproduction in whole or in part, directly or indirectly, of the contents of this work, without the express written permission of the publishers, is prohibited.

Casa Juan O'Gorman 1929 se terminó de imprimir en noviembre de 2014 en Artes Gráficas Palermo, Avenida de la Técnica núm. 7, C.P. 28522, Rivas, Madrid, España. La edición consta de tres mil ejemplares.

Casa Juan O'Gorman 1929 *was printed in November 2014 in Madrid, Spain by Artes Gráficas Palermo, Avenida de la Técnica núm. 7, C.P. 28522, Rivas, with a print run of three thousand copies.*

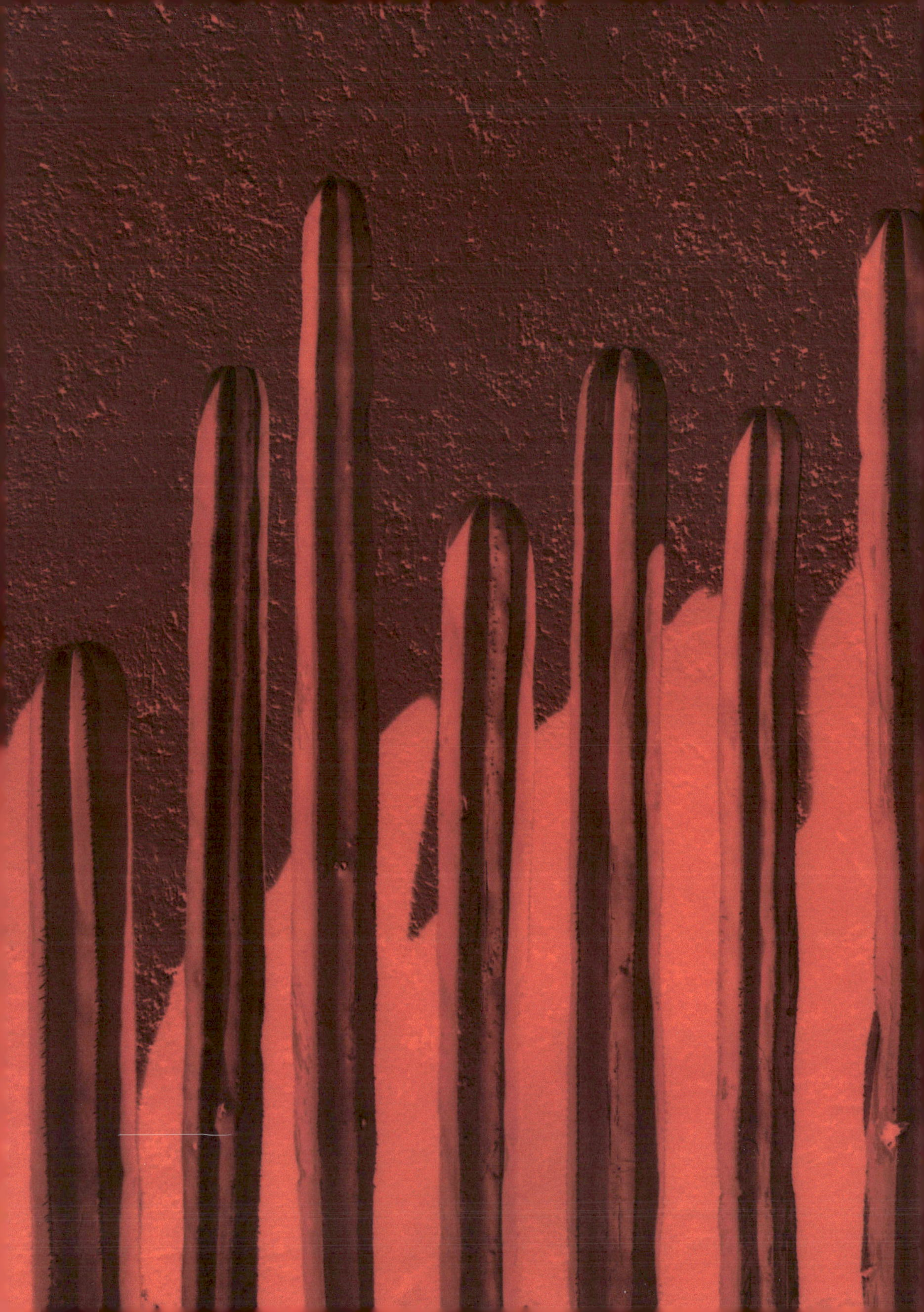